浙江省自然科学基金项目（LY17G020014）资助
教育部人文社会科学研究青年基金项目（17YJC630044）资助
国家社会科学基金年度项目（21BGL112）资助
绍兴文理学院出版基金资助

非控股大股东对家族企业控制权的影响及财务后果研究

黄阳◎等著

中国财经出版传媒集团
中国财政经济出版社

图书在版编目（CIP）数据

非控股大股东对家族企业控制权的影响及财务后果研究／黄阳等著．－－北京：中国财政经济出版社，2021.8

ISBN 978－7－5223－0751－0

Ⅰ.①非… Ⅱ.①黄… Ⅲ.①股东－影响－家庭企业－控制权－研究－中国 Ⅳ.①F279.245

中国版本图书馆 CIP 数据核字（2021）第 173305 号

责任编辑：牛婧丽　　　　　　责任校对：徐艳丽
封面设计：孙俪铭　　　　　　责任印制：张　健

中国财政经济出版社 出版

URL：http：//www.cfeph.cn
E－mail：cfeph@cfeph.cn
（版权所有　翻印必究）

社址：北京市海淀区阜成路甲 28 号　邮政编码：100142
营销中心电话：010－88191522
天猫网店：中国财政经济出版社旗舰店
网址：https：//zgczjjcbs.tmall.com
北京财经印刷厂印刷　各地新华书店经销
成品尺寸：170mm×230mm　16 开　14.5 印张　162 000 字
2021 年 8 月第 1 版　2021 年 8 月北京第 1 次印刷
定价：56.00 元
ISBN 978－7－5223－0751－0
（图书出现印装问题，本社负责调换，电话：010－88190548）
本社质量投诉电话：010－88190744
打击盗版举报热线：010－88191661　QQ：2242791300

序　言

作为一种主要的企业组织形式，家族企业是中国市场经济的重要组成部分，民营企业中更是90%以上为家族最终控制。因此，了解家族控制权与企业绩效之间的复杂关系至关重要。然而，已有研究大多关注家族内部控制权结构的治理效应，对家族企业中异质性的外部股东产生的经济后果关注较少。黄阳博士专注于家族企业相关研究多年，看完他的书稿《非控股大股东对家族企业控制权的影响及财务后果研究》后，我觉得其有很多值得肯定的地方。

与其他新兴经济体类似，中国的制度环境还有待完善，在西方成熟资本市场下的研究范式和理论成果都需要经过调整和重新验证才能有效地契合我国的现实状况。本书通过引入制度环境视角，深度挖掘外部大股东影响家族企业公司治理的各种机制，扩展了家族企业治理在新兴市场国家的研究结论。

本书从家族企业公司治理的核心问题"控制权安排"着手，探索了非控股大股东对家族企业财务后果的影响效果及作用路径，为准确理解不同产权性质企业中异质股东的经济后果及内在逻辑提供了新的理论框架、实证依据和案例推演，具有重要的理论和现实意义。

值得一提的是，本书基于当前混合所有制改革的背景下，聚焦于家族企业的"反向混改"问题,颇具创新性。已有混合所有制改革研究主要集中在国有企业如何吸收民营资本方面。同样作为混改的重要路径,民营企业引入国有资本的"反向混改"问题鲜有谈及。黄阳博士在书中通过案例分析,深入探讨家族企业"反向混改"的财务效应,拓展了"社会情感财富理论""公司治理理论""资源基础理论"的研究边界以及补充了相关理论在中国制度背景下的独特案例,也为企业和政府"十四五"期间积极探索"国民共进"的混合发展模式提供了参考。

从本书的很多内容都可以看出,作者对家族企业治理问题进行了独立的思考,并且有独到的见解。研究过程有理论、有实证、有案例,思路清晰、框架独到、逻辑严密、结论合理。我相信,这是一本值得阅读的好书。我很高兴看到黄阳博士能够出版新书与大家分享自己的教学和研究心得,并作序将此书推荐给各位读者。

当然,任何科学探索都难免存在某种程度的缺陷。作为一名高校教师,黄阳博士能潜心做学问,对科学问题能提出一些创新性的观点,做一些创新性的尝试,是非常值得鼓励和肯定的。希望他的研究成果对家族企业治理研究起到一些推动作用。

周鸿勇

绍兴文理学院　商学院　院长

2021 年 3 月 28 日

前　言

随着我国市场经济和资本市场的不断推进，家族企业得以快速发展，在我国上市公司中家族企业占近半数，在民营企业中更是超80%为家族控制，家族企业已然成为中国国民经济的重要组成部分。家族企业具有高度集中的控制权结构和非经济动机的经营目标，一方面在一定程度上能够提高企业的决策效率、增强内部凝聚力，缓解在公司治理中股东与经理人之间的第一类代理问题，有利于财务绩效的提升；但另一方面，家族控股股东能够决定公司的重大经营决策，当家族利益与上市公司价值背离时，家族控股股东可能实施各种"掏空"行为转移公司资源、侵占外部中小股东的利益，加剧了控股股东与中小股东之间的第二类代理问题，限制了家族企业自身价值的提高。当前大量学者从家族控股股东视角出发，试图研究家族企业股权集中和两权分离的控制权结构所产生的治理效应及经济后果。

然而，现有研究对家族企业中非控股大股东的治理功能关注较少。家族企业最初是由家族成员及其家族资本推动，但随着家族企业的不断发展，它们通常会引入外部资本来扩张壮大。因此，上市前后的家族企业存在非控股大股东持股现象，且尤为常见，非控股大股东在公司治理和企业经营管理中扮演着重要的角色。那么，在中国资本市场环境下，非控股大股东形成的股权制衡能否发挥治理效应，进而促进家族企业价值提升？该效应的作用机制是什么？又会受到哪些制约因素的影响？不同性质非控股大股东发挥的治理效果有何差异？这些仍是存在争议且急需回答的重要话题。

本书运用公司治理理论、资源基础理论、控制权理论、社会情感财富理论、新制度经济学等理论基础，结合中国家族企业特殊制度背景，重点探究风险投资、国有股权两类最为主要的非控股大股东对家族企业治理及财务后果的影响。研究结果发现以下四个方面的内容。第一，非控股大股东可以有效降低控股家族超额控制权，缓解控制权与现金流权背离程度，而且会通过进入企业董事会、高管层和实施股权激励计划等方式，形成更为合理的控制权安排和健全的公司治理结构。第二，非控股大股东对家族企业能发挥增值效应，提升企业价值。在中国制度背景下，风险投资认证监督效应比逐名效应更为显著，为家族企业提供了智力支持。国有股权资源效应大于政治干预效应，为家族企业提供了大量的融资资源和投资渠道，可有效弥补市场化的不足，发挥不同所有制资本"资源互补"的优势。第三，控制权安排在非控股大股东和家族企业价值之间存在中介效应。家族超额控制权结构具有掏空效应，家族超额控制权越大，其"掏空"程度越大，财务绩效越差，而非控股大股东可以有效削弱控股家族的超额控制程度，进而促进企业价值提升。第四，良好的制度环境能发挥外部治理功能。良好的制度环境可以降低家族控制权，同时减少了内部股东和外部股东之间的权利失衡和信息不对称性，有利于非控股大股东对家族企业治理功能的有效发挥。

本书为准确理解异质性非控股大股东的经济后果及内在逻辑提供了新的理论支持、实证依据和案例借鉴，有助于推动新兴市场中家族企业治理研究的理论和实践探索，同时有利于促进资本市场的健康稳定发展，为政府部门优化制度环境和制定相关政策提供依据和参考。

本书是浙江省自然科学基金项目"制度环境背景下家族企业中风险投资的介入动机与治理效应研究"（LY17G020014）、教育部人文社会科学研究青年基金项目"风险投资介入家族企业公司治理的动机与经济后果研究"（17YJC630044）、浙江省教育厅一般科研项目"家族企业反向混改的控制权安排与财务后果研究"（Y202043096）和国家社会科学基金年度项目"家族企业'反向混改'的财务效应及情境依赖机制研究"（21BGL112）的研究成果之一。在课题申报、内容安排、案例调研、数据整理与分析、成果撰写过程中，课题组成员花了大量的时间和精力，并多次走访当地家族控股企业和政府部门，广泛听取民营企业家、实务界和学术界专家的意见和建议，对课题成果进行反复论证和修改，最终完成本书。

本书主要由黄阳老师构思和完成，同时其所指导的研究生吕佳敏、贾佩雷和蔡妮三位同学参与了研究过程中数据的收集与分析、部分文字的撰写工作。本书得以顺利完成凝结了课题组全体成员的心血，在此深表感谢。当然，由于作者学术水平和研究条件的限制，本书可能存在值得商榷乃至错误之处，敬请各位专家批评斧正。

目 录

第1章 绪 论 　　1
　1.1 研究背景与问题提出 …………………………………… 1
　1.2 研究目标与研究意义 …………………………………… 3
　1.3 研究思路与内容 ………………………………………… 5

第2章 文献综述 　　9
　2.1 家族企业控制权安排与财务后果的相关研究 ………… 9
　2.2 制度环境对家族企业控制权的影响研究 ……………… 17
　2.3 不同性质非控股大股东对家族企业的影响研究 ……… 20
　2.4 研究述评 ………………………………………………… 30

第3章 家族企业治理的相关理论基础 　　32
　3.1 委托代理理论 …………………………………………… 32
　3.2 信息不对称理论 ………………………………………… 34
　3.3 社会情感财富理论 ……………………………………… 35
　3.4 利益相关者理论 ………………………………………… 37
　3.5 资源基础理论 …………………………………………… 39

3.6　制度经济学理论 ··· 40

第4章　制度环境背景下风险投资对家族企业控制权的影响　43

4.1　引言 ·· 43
4.2　理论分析与研究假说 ·· 58
4.3　研究设计 ·· 61
4.4　实证分析 ·· 66
4.5　本章小结 ·· 87

第5章　风险投资、家族超额控制与企业价值　90

5.1　引言 ·· 90
5.2　理论分析与研究假设 ·· 96
5.3　实证研究设计 ·· 102
5.4　实证结果和分析 ·· 108
5.5　本章小结 ·· 128

第6章　反向混改下国有股权对家族企业控制权的影响及其财务后果　132

6.1　引言 ·· 132
6.2　理论分析框架与研究设计 ·· 138
6.3　案例背景 ·· 143
6.4　万里扬家族企业反向混改后的控制权安排 ·································· 164
6.5　万里扬家族企业反向混改后的财务后果 ······································ 180
6.6　本章小结 ·· 199

第 7 章　结论与未来展望	205
7.1　研究总结与讨论	205
7.2　创新与特色	207
7.3　研究不足与展望	209

主要参考文献 …………………………………………… 212

后　　记 ………………………………………………… 216

第 1 章 绪 论

1.1 研究背景与问题提出

20世纪90年代,随着建立社会主义市场经济体制的提出,中国的民营经济得到了迅猛发展,在民营经济中占有很大比重的家族企业也经历了一个从无到有、由小到大的过程,其发展壮大的速度令世界侧目。知名家族企业研究杂志 *Tharawat* 在2014年公布了关于中国家族企业的调查数据,结果表明中国内地私营企业有超过85%的份额属于家族企业,为中国贡献了三分之二的GDP。家族企业在推动经济发展、分担社会压力、完善社会结构方面有其独有的作用。然而,大部分的家族企业在成立初期发展迅速,但在企业规模扩大之后,家族企业的继续成长受到财务资源和人力资源的掣肘,企业价值增长缓慢,甚至呈现下降的趋势。如何提升家族企业价值受到了理论界和实务界的广泛关注。

在新兴经济体国家，家族企业的所有权通常集中在家族大股东手中，而且家族控股股东普遍会通过金字塔结构、交叉持股等方式，实现控制权与现金流权（所有权）分离，形成超额控制权。这种家族企业特有的控制权结构，一方面在一定程度上能够提高家族企业的决策效率，缓解公司治理中股东与经理人之间的第一类代理问题，有利于财务绩效的提升；但另一方面，也使家族控股股东能够决定公司的重大经营决策，当家族利益与上市公司价值背离时，家族控股股东可以实施各种"掏空"性的行为转移公司资源、侵占外部中小股东的利益，使家族企业中控股股东与中小股东之间的第二类代理问题更加严重。上海国家会计学院曾对控股股东"掏空"上市公司的事件进行统计，发现排名前20位的"掏空"事件中有三分之二是家族控股股东主导的。从而也揭示出家族企业内部主要矛盾是家族控股股东与外部中小股东之间的利益冲突，而不是基于委托代理关系而产生的经理人与控股股东之间的矛盾。这不仅限制了家族企业自身价值的提升，更影响到中国资本市场的有序发展。因此，如何有效约束家族控股股东"掏空"行为、保护外部中小股东的利益，成为规范现代家族企业治理、提升家族企业价值的重中之重。

大量学者从家族控股股东视角出发，试图研究家族企业股权集中和两权分离的控制权结构所产生的治理效应，以理解家族控股股东是解决了代理问题抑或是加剧了代理问题，以及是促进了财务绩效提升还是抑制了财务绩效提升。然而，现有研究对家族企业中非控股大股东如何影响公司治理和财务绩效关注较少。在世界各地的家族企业中，拥有大量股份的非控股大股东很常见，他们在公司治理和企业经营管理中扮演着重要的角色，与家族控股股东之间相互作用，共同影响家族企业的公司治理和财务绩效。而且，异质性的非控股大股东具有不同的利益诉求，对家族企业产生的影响也必然各异。

在中国资本市场环境下，非控股大股东形成的股权制衡能否发挥治理效应，进而促进家族企业价值提升？这一效应的作用机制是什么，会受到哪些制约因素的影响？不同非控股大股东发挥的治理效果有何差异？这些仍是存在争议且急需回答的重要话题。

1.2 研究目标与研究意义

1.2.1 研究目标

公司治理的研究者们通常把控股股东以外的股东视为利益一致的集体行动者，而忽视了实力相当的非控股大股东与控股股东的利益冲突问题。本书运用公司治理理论、资源基础理论、控制权理论、社会情感财富理论、新制度经济学等，结合中国家族企业特殊制度背景，重点探究风险投资、国有股权两类最为主要的非控股大股东对家族企业治理及其绩效的影响。

本书具体探究以下问题：

第一，风险投资对家族企业控制权有何影响，这种影响是否受到制度环境的调节作用？

第二，风险投资对家族企业控制权的影响是否有利于企业价值的提升？

第三，在混合所有制改革背景下，国有股权参股家族企业后，家族企业的控制权安排有何变化，以及通过何种路径影响家族企业价值？

本书以期为公司治理相关理论的发展提供新的文献，为政府部门制定相关政策提供借鉴和参考，为家族企业优化治理结构以及外部投资者制定投资策略提供经验证据。

1.2.2 研究意义

1. 理论意义

第一，有助于推动新兴市场中家族企业治理研究领域的发展。一方面，非控股股东和家族企业领域都已经有大量的研究，但是关于二者之间互动关系的研究甚少；另一方面，新制度学派注重在不同制度安排下，企业、企业家行为及绩效的差异。西方国家的研究范式和理论成果都需要经过调整和重新验证才能有效地契合我国的现实状况。本课题通过引入制度环境视角，深度挖掘非控股大股东影响家族企业公司治理的各种机制，从而拓展了新兴市场中家族企业治理的研究领域。

第二，本书从非控股股东性质出发，根据股权制衡意愿及能力的不同，重点考察风险投资者和国有投资者两种类型，验证了家族企业中非控股股东性质对控制权影响的差异以及导致的不同财务后果，为准确理解异质性非控股大股东的经济后果及内在逻辑提供新的理论支持、实证依据和案例借鉴，为家族企业内部股权制衡效果提供了更明确、有力的解释。

2. 现实意义

第一，有助于中国家族企业更为有效地了解非控股大股东的角色定位和治理功能。关系主义导向深刻地影响了中国家族企业公司治理机制，并形成了关系治理和社会资本控制这种非正式制度安排。而非控股大股东积极推动了家族企业正式治理制度的建立和有效运行，从而冲击了社会资本对所投资企业的影响。因此，本书能够对中国企业管理者在引入股权融资和加强公司治理等实践上提供必要的知识和思路，有利于促进资本市场的规范和家族企业的良性发展。

第二，第二类代理问题所引起的家族控股股东利益侵占行为已经成为影响家族企业健康发展的重要因素之一。本书通过分析国有投资者、风险投资者的股权制衡有效性，能够提高非控股股东监督家族控股股东、保护自身权益的意识，进而间接地促进家族企业的健康发展。

第三，通过引入外部治理环境的调节作用，本书检验了良好的外部治理环境是否有助于非控股大股东治理功能的发挥，是否有利于家族控股股东规范决策行为，提高公司治理水平，为政府部门优化制度环境、制定相关政策提供实证依据和建议参考。

1.3 研究思路与内容

1.3.1 研究思路

本书以中国家族企业为研究对象，综合运用实证研究和案例研究方法，从"在制度环境背景下风险投资对家族企业控制权的影响""风险投资介入家族企业的财务后果""国有股权对家族企业控制权的影响及其财务后果"三个主要模块，探究不同类型非控股股东对家族控股股东控制权的影响及其产生的财务后果。具体研究思路如图1-1所示。

1.3.2 研究内容

本书主要研究内容的安排如下：

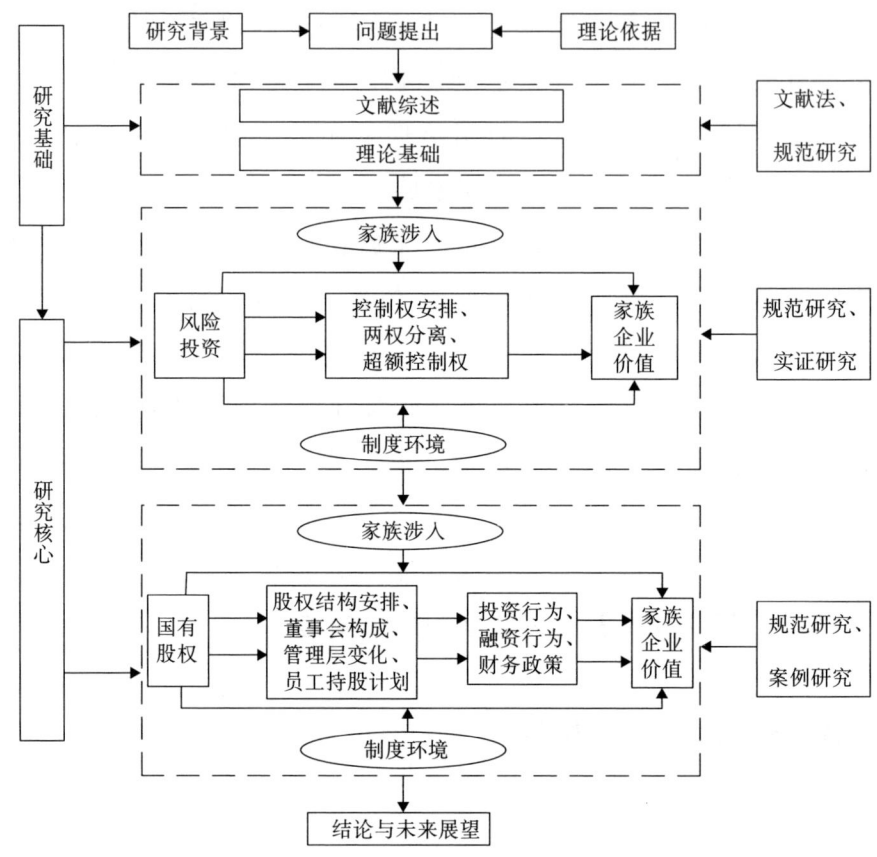

图 1-1 本书研究思路与框架

第 1 章为绪论。该部分主要介绍了研究背景，并提出本书聚焦的研究问题，基于此，提炼出本书的研究目标，同时阐述本书的理论和现实意义。最后，说明了本书的研究内容、研究思路。本章为全书奠定了总体研究框架。

第 2 章为文献综述。依据本书研究目标，该部分全面梳理关于家族企业控制权安排的财务后果、制度环境对家族企业的影响、不同非控股大股东对家族企业的影响三种主题的国内外相关学术观点和研究成果，并进行综合分析、归纳整理和评论，提出自己的见解，为本书研究提供了可延伸的方向。

第 3 章为家族企业治理的相关理论基础。为了探寻本书研究的理论依据，该部分整理和分析了委托代理理论、信息不对称理论、社会情感财富理论、利益相关者理论以及制度经济学理论在家族企业治理领域中的应用，为本书的相关假设、观点和理论框架的提出奠定了坚实的理论基础。

第 4 章为制度环境背景下风险投资对家族企业控制权的影响。本书以在中小板和创业板上市的家族企业为研究对象，重点分析风险投资对家族企业控制权的影响以及制度环境在其中的调节作用。研究发现：①引入风险投资后，控股家族的控制权和现金流权分离度降低；②有风险投资入股的家族企业，控股家族在董事会中的超额控制程度更低；③良好的制度环境有利于促进风险投资对家族企业两权分离度和董事会超额控制权的降低作用。

第 5 章为风险投资、家族超额控制与企业价值。本书以在中小板和创业板上市的家族企业为研究对象，重点分析风险投资对家族企业价值的影响及作用机制。研究发现：①家族企业上市时得到风险投资支持可以削弱家族企业超额控制权，并且能够提高企业价值；②超额控制权在风险投资影响家族企业价值的过程中产生中介效应。

第 6 章为反向混改下国有股权对家族企业控制权的影响及其财务后果。本书选用了从 2016 年开始进行反向混改的家族企业万里扬集团有限公司（以下简称万里扬）作为案例进行分析。采用案例分析法、比较分析法、事件研究法等，通过对家族企业、混合所有制改革、控制权配置等相关理论和相关背景的阐述，从而引出家族企业参与反向混改可能存在的问题——控制权冲突。通过万里扬引入奇瑞汽车股份有限公司（国企）作为第二大股东，分析控制权配置冲突的发生、过程及造成的影响，提出了家族企业反向混改的公司治理优化路径。

第 7 章为结论与未来展望。该部分基于研究过程，总结全书的主要结论，并提炼出普适性规律。结合我国经济、市场、法律环境的发展现状，提出外部大股东参与我国家族企业治理的对策和建议。最后，指出本书研究不足，以及对中国家族企业的相关研究进行了展望。

第 2 章　文献综述

2.1　家族企业控制权安排与财务后果的相关研究

2.1.1　家族企业控制权安排的相关研究

1. 家族企业治理特征

由于家族企业是我国经济不可或缺的组成部分，近年来国内学者越来越关注家族企业治理问题。与非家族企业相比，家族企业有其固有的特殊性，其公司治理更加复杂（Neubuaer，1998）。家族对公司治理的影响首先体现在对企业产权和所有权的垄断上（Shleifer & Vishny，1997；马丽波等，2006；王燕妮等，2016）。在企业创立早期，集中的产权结构能够为家族企业提供先天的异质性资源，从而形成竞争优势（Habbershon，2003），如人力资本、社会资本、财务资本等

(Sirmon & Hitt，2003；刘小元等，2017）。但是，当企业发展进入某一阶段后，产权集中反而会出现弊端。一方面，家族企业自身资源出现短缺，外部资源又难以进入，陷入融资困境，生产经营遭遇瓶颈；另一方面，家族成员内部产权划分不清晰，由于遭受长期不公平的利益分配（何轩和陈文婷，2008），可能出现道德风险和逆向选择问题（Jensen & Meckling，1978）。

产权结构的单一化会导致控制权安排出现排他性，家族企业主要运用股权集中让其亲信进入关键岗位，泛家族化等方式"一致对外"（Carney，2005）。在缺少外部制度约束的环境下，家族企业的创始人或实际控制人通常进行"权威治理"（徐细雄，2012；顾露露，2017），亲缘关系成为其进行权力配置的重要依据（单蒙蒙等，2019），因此非亲缘关系的"外部人"在家族企业中几乎没有话语权。在控制权上的排他性能够降低企业的代理成本（于晓东等，2018），加强企业各组织间的沟通，提高经营效率。但是，在企业业绩高涨时，家族企业内部成员由于自身的管理无能，可能持有"搭便车"的心态（单蒙蒙等，2019），不考虑自身素质的提高，反而过度消耗企业资源；在企业绩效低迷时，家族企业管理层可能惮于控制人权威，不会提出改进意见，甚至支持控制人错误的决策。

在家族企业刚刚成立的初期，企业规模通常都比较小，员工人数少以及涉及的业务量比较少，所以传统家族式的管理模式是有着显著作用的（陈高林，2003）。但是随着家族企业不断地成长，规模和业务量不断地增长，家族式的管理模式会显现其不足之处，此时，家族式的管理模式失去了作用。在中国，家族企业的企业价值会低于非家族企业，同时，家族企业的发展速度也远远低于其他企业（赵昌文，2009）。

由于文化、习俗及制度环境的不同，中国的家族企业和其他国家的家族企业相比也有着其独特的性质。大多数家族企业是在改革开放之初成立的，所以目前家族企业的创始人都还比较年轻，不存在面临立马接班传承的问题。但是10年以后，家族创始人就要开始考虑这个问题。中国长期以来都是实施计划生育的人口政策，因此家族企业的创始人只有一个或者两个子女。从家族企业创始人的子女中选择合适的接班人，其选择的范围十分小。如果家族创始人的子女不愿意接管企业，那么创始人是选择聘请职业经理人来管理公司，还是将公司的股权卖出，是目前中国家族企业面临的实际问题。此时，如果家族创始人处理不当，就会失去对企业的控制权，家族企业的传承就无法得以实现。

2. 金字塔结构

金字塔控股结构的好处是可以使上市公司的实际控制人十分隐蔽地拥有公司控制权，从而可以很好地规避政府对其的监管（Johnson，2000）。金字塔控股是实际控制人处于金字塔的顶端结构，将控制权逐层向下分解，最终可以实现以少量的现金流获得大量的控制权。这种股权结构会给实际控制人带来操纵利润的巨大空间，从而可以轻易地损害广大中小股东的利益。Faccio（2002）的研究表明，在金字塔控股结构下，大股东获得的收益要远远大于小股东，而这种变化和股权比例是无关的。这些与股权不成比例的额外收益就是大股东侵害中小股东所得到的。与此同时，金字塔控股结构还可能导致一种自上而下的层层利益侵占行为，即处于金字塔上层的控股股东会联合其他较高层级的股东，使公司的收益在某一层级就被侵占了一部分，从而使处于金字塔底端的中小股东所能获得的利益大大地减少（Wolfenzon，

2004）。控股股东进行内部融资的交易成本比外部融资的成本低很多，所以控股股东希望可以通过内部融资来解决企业资金问题（Holmen，2004）。然而，企业内部融资的数额有限，很难满足企业投资发展的要求，所以控股股东希望可以侵占广大中小股东的利益，增加内源融资的数额，同时为自己牟取私利。与此同时，金字塔式控股结构可以隐藏真实的控股股东，只有通过层层分析错综复杂的交叉持股现象才可以发现真实的控股股东。因此，金字塔结构可以使控股股东躲在幕后大肆侵害中小股东的利益（Bianchi，2001）。

3. 控制权和现金流权分离

由家庭小作坊发展到公司形式，所有权结构也相应地发生了变化，由一人所有变成了多人控股。所以，企业间存在严重的代理问题。由于公司大股东希望企业利益可以尽量留存在企业，以便企业遇到好的投资项目时可以进行投资，而公司中小股东则希望可以尽可能多地分配利润，所以，公司的大股东和中小股东之间存在着代理问题。而股东与经理人之间的代理问题产生的主要原因是两者的目标不一致，因此，经理人会违背股东目标，产生道德风险、逆向选择等行为。控股股东为了实现利润尽可能留存在企业，会通过金字塔结构、交叉持股等方式来实现终极控制，同时侵害其他中小股东的利益（Amit，2009）。控股股东不仅可以通过金字塔控股结构获得额外的控制权，从而更加方便地侵占中小股东的利益，还可以通过使家族成员更多地进入董事会，取得董事会的投票权，从而影响公司重大经营决策来控制公司（Johnson 等，2000）。

由于中国及其他东亚国家的很大一部分企业都是家族企业，而这些家族企业代际传承都相对较少，控制权基本上都集中在创始人或者创始人家族手中，所以在控制权方面存在两个亟待解决的问题。问题一：家族企业中大股东"一股独大"的现象十分普遍。Silanes（1999）通过研究发现，除了美国企业的股权比较分散以外，其他国家公司的股权都相对集中，一般都是由家族或者政府这些大股东所控制。Lang（2000）进一步研究发现，家族企业"一股独大"的现象在亚洲国家更为普遍，甚至超过三分之二的家族企业被大股东所控制。大股东"一股独大"会在公司形成"一言堂"，即公司的经营决策都由少数几个人决定。而大股东有时并不只是考虑公司的利益，而会更多地考虑个人利益，即使该投资项目以牺牲公司利益为前提。因此，目前我国急需建立合理的股权结构来解决这个问题。问题二：控股股东除了会担任公司要职来参与企业日常经营，还会通过交叉持股和金字塔式持股等方式来额外取得超过现金流权的控制权。同时，Fan（2002）通过研究亚洲国家家族企业发现，企业的价值与大股东所持有的控制权超过现金流权的比例有着一定的联系。

2.1.2 家族控制权对企业财务后果的影响

1. 隧道效应与支持效应

Johnson 等（2000）首次提出隧道行为（tunneling，或称隧道挖掘行为）的概念，企业的控股股东或者几个大股东协议利用各种合法或非法手段将企业资产和利润转移到自己手中，这种侵害其他中小股东利益的行为即为隧道行为。隧道行为分为两种。一种属于经营性挖掘，利用自我交易将公司优质资产转移出去，或者通过担保贷款等手段将企业资产价值降低的行为。例如，将公司商品卖给子公司，通过应收账款或应收票据转移到子公司，再利用子公司相对较小，且社会披露义务较低的特点进一步将资金转走，最后这笔资产就成了坏账。还有一种属于融资性挖掘，通过稀释性股份发行、少数股东冻结等提高自身股权比例。这种大股东通过"隧道"挖掘公司价值，导致中小企业利益降低的效应即为隧道效应。

支持行为（propping）则与隧道行为相反，在低层级公司发生财务危机时，最高层级的实际控制人会通过金字塔结构向低层级公司输送资源，如资金支持、技术支持等。这一概念由 Friedman 等（2003）最先提出，研究发现当窃取的机会成本大于留下资产投资获得的投资收益时，大股东会倾向保留资产。当控股股东拥有公司股份份额达到一定程度时，企业家甚至可以将自己的一部分资金投入公司以防止破产。这种行为的原因在于，未来的收益，无论是利润分享还是资产转移，都是有价值的，因此企业家希望公司为这些机会保持企业经营业务正常运行。这种支持行为帮助企业走出困境，增加了企业价值，由此促使的中小投资者收益和企业价值的提高可以被称为支持效应。

2. 壕沟防御效应和利益趋同效应

家族企业的控制权结构存在两种经济后果：壕沟防御效应和利益趋同效应（Wang，2006）。

壕沟防御效应支持者认为，当控股股东握有远超过现金流权的控制权时，超额控制的那部分会使家族控股股东通过"隧道挖掘"策略为家族谋取更多私利（Faccio 等，2001）。唐清泉等（2005）发现第一大股东存在隧道效应和壕沟防御效应，但不存在利益协同效应；企业集团作为大股东进行"隧道挖掘"，其效应更为明显。从控制权的私人收益视角来看，即家族控股股东具有较强的动机通过转移、掏空资源追求私人收益，因为他们获取了全部收益，但不需要承担全部的经济后果（Lin 等，2012）。

利益趋同效应支持者认为，当现金流权达到一定程度时，大股东在上市公司中占的利益很大，这时第一大股东的侵占行为就会减弱，换言之，超额控制带来的隧道挖掘收益小于好好经营公司带来的现金流收益。绝大多数家族创始人的家族持股比例远远大于非家族股东，此时，企业不再是普通的法人组织结构，而是家族财富和地位的象征，也是家族创始人为之奋斗一生的心血与结晶（陈德球等，2013）。Villalonga 等（2010）提出家族控制效率观，这种观点其实也是基于利益协同效应的一种观点。家族企业控制权是维系家族和企业的纽带，家族的命运和企业的命运因此交织在一起，一荣俱荣、一损俱损。当家族控制程度越高的时候，家族越有动力和能力作出长期有益的决策，这能够为企业带来竞争优势。在效率观下，家族注重企业的价值超过其他非家族股东，利益协同带来的家族财富与凝聚力超过了"壕沟防御"带来的财富增加。

著名国外学者 Claessens 等（2002）将东南亚 9 国的上市公司作为主要研究样本，研究发现公司价值随着第一大股东的现金流权产生同向波动，符合利益趋同效应；而当最大股东存在超额控制，壕沟防御效应为公司的主要财务表现。

3. 超额控制权对家族企业财务后果的影响

由于家族企业存在上文所提到的壕沟防御效应和利益趋同效应，加上家族企业定义不一致以及我国特殊的制度环境，因此，国内外关于超额控制权对家族企业经济后果的影响不尽相同。

有学者认为控制权和现金流权两权背离度越高越不利于企业的健康发展，冉茂盛等（2015）选择 2008—2011 年的家族企业数据，对超额控制权与企业债务融资以及大股东对企业的债务资金侵占的问题进行了实证研究，研究发现家族企业的股权制度使企业的债务融资成为控股股东资金侵占的有利土壤。李大鹏（2014）研究发现，控制权与所有权分离度越大，企业价值也相应地降低。田利辉等（2015）从家族控股股东对上市公司资金占用角度进行研究，也得出相同的结论，家族控股公司的两权分离引致了我国上市公司中的利益侵占现象，显著降低了首次公开募股（initial public offering，IPO）长期回报率。徐萌娜等（2015）则认为随着两权背离度的增加，家族会不注重对于智力资本的投入，影响企业的长期发展。苏启林和蒲惠荧（2015）根据家族控股与私募股权（PE）之间的关系构建内生化模型，研究表明当家族控股股东的超额控制程度越高，PE越难以发挥制衡监督作用，企业价值受到侵占。也有学者认为控制权与现金流权两权分离并不意味着就一定会对企业产生消极影响。谢德明等（2010）发现，由于我国资本市场不够发达，企业可以通过金字塔结构输送资金，因此这种两权分离状态对企业的价值存在一定的正向作用，但是这种正向效果不够显著。刘汉民（2016）则认为只有在实际控制人为一人时，家族企业两权分离度与企业绩效正相关。李思飞（2018）扩展了超额控制权的概念，加入了董事会层面的超额控制权，研究发现，家族企业超额控制权越大，越容易产生联盟效应，从而降低了持有现金水平，提高了公司现金利用率。也有学者通过案例研究法来研究，马磊和徐向艺（2010）采用案例研究的方式，以三一重工股份有限公司为研究对象，最终控制大股东虽然通过采用金字塔控股结构构建了控制权杠杆，形成了两权不匹配的状态，但是这种状态并没有降低上市公司的治理价值。

综上来看，我国资本市场、家族文化以及其他制度环境的特殊性，决定了在家族企业中,"一股独大"和金字塔结构并不一定会对企业价值产生消极影响。家族企业作为创始人的心血结晶,创始人希望可以健康地传承给下一代,但是因为深切领会维系家族企业的困难,在中国目前的环境中,不愿让子女接手家族企业的企业主比例超过愿让子女继承的比例(何轩等,2014)。因此,引入非控股大股东入股企业,规范公司治理,也同样成为一种选择。无论如何,家族企业的控制权成为一个现实而又避不开的问题,本书针对此问题,通过研究非控股大股东对家族企业控制权的影响,试图找到既有利于家族顺利传承,又有利于企业长远发展的方法。

2.2 制度环境对家族企业控制权的影响研究

目前,国内学者大多研究家族企业控制权结构产生的原因以及经济后果,很少涉及从制度环境的层面来考虑家族企业控制权结构的形成机制和内在联系。

中国经济经历了从计划经济制度向市场经济制度的转型,在这期间,中国经济不断上升,国民综合实力不断提高。法律制度在市场化进程中起着举足轻重的作用(Henisz,2000)。良好的制度环境有利于促进企业壮大发展。中国南北地区、东西地区间的制度变迁和经济发展情况差异很大,这为本书研究制度环境影响家族企业控制权提供了现实依据。从 20 世纪 90 年代开始,家族企业的发展没有像改革开放初期那样迅速,其中很大一部分原因是法律制度对各方面经济活动的制约。North(1990)也曾提出过类似的观点,一国的制度对家族企业控制权有着十分重大的影响。中国家族企业在不同历史时期和不同地区的发展情况各不相同,即使在相同历史时期不同地区之间的发展情况也迥异。其主要原因是不同时期和地区的法律制度的影响不同（Amit 等，2011）。自从改革开放以来，我国沿海地区率先进行经济改革，同时制度改革也随之进行。投资者受到的法律保护程度相比其他地区要高，东南沿海地区的家族企业也实现了快速的发展壮大（Amit 等，2011）。

我国家族企业大多是在改革开放初期成立的，是在我国市场化进程中发展起来的，所以家族企业的治理结构和市场化进程的制度环境是相互适应的。由于不同地区的制度发展程度不同，为了适应不同的地区制度环境，家族企业会进行自我调适，即采用不同的控制权方式来应对不同地区的制度环境的变化。经济的转型变革会使相应的法律制度不适用，因此给企业的经营发展带来了不确定性，增加了企业的交易成本和风险。Peng 和 Heath（1996）研究发现，处于转型经济环境下的市场机制可以发挥一定的作用。但是制度存在一定的缺陷，比如私有财产保护程度比较低等，这些制度上的不足使家族企业在发展过程中面临着约束。Johnson（2002）的研究表明，在转型经济中，法律对私有财产权的保护制度并不健全，使私营企业在发展过程中很难维护自身的权益，在企业发展中面临更大的不确定因素。在法律制度不是特别健全的地区，家族企业的资金可能被控股股东通过金字塔持股方式转移，同时还面临着被政府干预的风险（North，1990）。如果家族企业的私有财产被企业股东侵害，目前我国的法律制度无法提供相应的维权方式，这就使家族企业面临更大的经营风险。所以，为了维护家族企业的利益和保持家族控制权，规避法律无法提供保障的风险，家族控股股东有动机通过金字塔控股和控制董事会席位来防范风险。

因此，拥有公司控制权可以带来很多益处，不但可以防止来自其他股东的利益侵害,还可以对政府的一些不当行为进行影响,降低自身利益受损的程度,同时也可以通过金字塔控股来侵占其他中小股东的利益(Morck,2005)。在法律环境比较薄弱的地区,控股股东通过金字塔结构侵害其他股东被惩罚的概率比较低(Almeida,2006)。所以,家族控股股东希望通过保留企业的控制权,获得较高的控制权收益(Raviv & Harris,1988)。

中国经济的转轨背景使经济环境处于不断变化中,因此家族企业的外部环境也是时刻变化的。家族企业为了自身的发展会不断适应经济环境的变化,家族企业的控制权结构也随之改变(陈德球等,2011)。当法律制度体系薄弱时,控股股东为了使自己的利益不被侵害,会持有较高的控制权。同时,通过进入企业的董事会和管理层来参与企业的日常事务管理和决策。相反,如果法律制度比较健全,大股东通过金字塔结构侵害中小股东利益的行为将受到较大约束,此时,家族大股东就会降低对中小股东的侵害。如果人们对法律制度有信心,家族企业就会降低家族成员在公司董事会中的比例,家族企业控制权就越容易分散。

国内关于家族企业两权分离产生的原因、动机以及经济后果的研究已经十分丰富,但这些研究都主要集中在两权分离度对公司价值的影响(Fan,2005)。对家族企业两权分离度的研究很少涉及制度、制度变迁对家族控制权的影响。因此,本书将会探究制度环境对家族企业控制权的影响,并检验制度环境在非控股大股东和家族企业控制权关系中的调节作用,从而为相关研究提供新的文献支持。

2.3 不同性质非控股大股东对家族企业的影响研究

2.3.1 风险投资对家族企业控制权及绩效的影响

1. 风险投资对家族企业控制权的影响

家族企业采用金字塔股权结构的一个主要动机，是多重金字塔结构可以利用较小的现金流实现对上市公司的控制，并且通过控制权增强机制如金字塔结构和董事席位来控制有效的集团组织结构，构架内部资本市场，作为企业的替代融资渠道。陈德球等（2013）研究发现，在制度环境好、金融深化程度较高的地区，家族企业没有过多的融资压力，家族企业外部融资成本处在一个可以接受的水平，家族对现金流的敏感程度降低，家族控制权动机得到了修正，超额控制权降低。换言之，风险投资带来的资金支持同样降低了家族企业构建金字塔结构的动机。在家族企业中，家族成员占有绝大多数控制权和现金流权，且家族企业的经营环境相对封闭和排外，这些特征是形成不完全风险投资合约的关键因素。因此，风险资本事后积极参与公司治理，进而提高企业的治理水平。吴斌等（2011）认为在引入风险投资的企业中，降低控制权以及减少大股东的控制权私有收益，有利于企业绩效的提高，并且将股权作为一种激励手段来吸引人力资本是提高企业竞争力的途径之一。顾乾坤（2014）选取在中小板上市的家族企业作为样本数据，用IPO之时家族超额控制权和引入风险投资前一年的超额控制权相比较，研究发现有风险投资的家族企业超额控制权的降低程度大于无风险投资的家族企业，但是，风险投资进入董事会并不会增加这种超额控制权降低的程度。一般来说，高声誉、高经验的风险投资在资本市场上很受创业企业的青睐,这种类型的风险投资会主动参与公司董事会,而且企业也会主动让出部分控制权来换取风险投资对企业的帮助。彭涛等(2018)从代理成本的角度研究发现,风险资本声誉越高,企业超额控制权越低,两类代理成本越低,但是这种效应在家族企业中受到了抑制。可见家族企业对控制权的把控欲远远高于其他类型企业,这也是本书选取家族企业作为研究对象的原因之一。于瑶(2018)研究民营上市公司在上市之后三年之内控制权的变化情况,发现风险投资对超额控制权有抑制效果,且风险投资机构持股比例越高,抑制效果越明显。

2. 风险投资的增值服务功能

风险投资不仅对其所投资的公司提供资金支持,还提供一系列专业的咨询等增值服务,帮助公司改善公司治理。Sahlman(1989)最早开始研究风险投资对被投资企业的增值服务。研究结果表明,风险投资进入所投资企业时会积极参与公司治理、监管创始人、提供战略规划和分析。Puri(2002)通过实证研究表明,有风险投资背景公司的管理体系更加完善,薪酬激励制度更加成熟,使用股票期权激励公司管理层的可能性更高。由此可见,风险投资进入家族企业可以提供公司管理的服务。Hellmann(2008)在研究时使用欧洲的上市公司的数据来检验风险投资增值服务的内在原因。研究结论得出,风险投资公司合伙人的工作经验如果比较丰富,那么该风险投资公司对被投资公司的增值服务更加明显。但是,风险投资公司在提供增值服务的同时,家族企业的控制权会因此减少。

让家族企业顺利上市是风险投资获取高额利润的一个主要途径。因此,风险投资机构在家族企业上市前需要对其股权结构进行合理调整，让大股东的控制权与现金流权分离度降低，减少大股东通过金字塔式结构来侵害中小股东的权益。风险投资通常降低控股家族在董事会中超额控制权的程度来调整控制权与现金流权的匹配度（陈德球、肖泽忠，2013）。在董事会中拥有更多的席位可以使家族企业控制权和经营权不分离，从而产生"一言堂"的现象。同时为了满足上市要求，风险投资会通过增值服务来提高公司的盈利能力。于是产生了风险投资与家族企业的代理问题，导致风险投资与家族企业之间的目标不一致（贾宁、李丹，2011）。本书试图从制度环境的角度来思考风险投资对家族控制权产生的影响。

3. 认证监督假说与道德风险假说

关于风险投资对公司治理的影响，国内外学者都进行了大量的实证和案例研究。主要形成了两种研究假说，即认证监督假说（Barry 等，1990；Inderst 等，2009；黄福广等，2013；Wadhwa 等，2016）和道德风险假说（Puri，2008；吴翠凤等，2012；康永博等，2019）。认证监督假说的主要观点是：风险投资不仅为企业在资金方面提供支持，同时提供一系列价值增值服务，其中包括管理经验和社会资源等。风险投资家主要通过两种方式对企业的价值进行增值。一是降低信息不对称程度。当市场缺乏传递公司真实价值的有效途径时，风险投资作为熟悉企业经营管理状况的专业机构，就会向外传递企业具备较高投资价值的信息，减弱信息不对称程度，提高企业在资本市场中的形象。因为风险投资家总会利用自己的专业优势，事前认真筛选投资项目，创业企业的市场前景、公司战略、竞争优势和管理团队等均在其考虑范围之内（Kaplan & Stromberg，2000）。二是提高企业的经营管理水平，规范企业运作机制。一方面，风险投资机构主要通过帮助企业改善公司治理水平，从而提升长期经营绩效，最终通过公司上市或股价上涨，适时退出获得投资报酬。因此，对风险投资机构而言，价值增值至关重要。Hellmann 和 Puri（2012）发现风险投资为所投资企业提供了一系列专业化的增值服务，有风险投资背景的公司会运用更加成熟的雇佣体系，更有可能使用股票期权激励，更快地雇用重要的营销人士。另一方面，作为企业重要的股东之一，风险投资机构需要时刻监督大股东和内部管理层的资金运用效率，化解信息不对称性以确保自身利益不受损害，因而有动力参与公司治理，提高会计信息质量。Guo 等（2004）发现风险投资参与可以降低生物科技公司信息披露的成本，通过加强公司的透明度来提高公司的市场认可度和竞争力。Morsfield 和 Tan 也发现有风险投资参与的企业的盈余管理和业绩操纵更少（2006）。

道德风险假说认为，风险投资具有短期行为导向，其目的只是为了短期套利，并没有动力去改善公司治理，帮助公司取得长期效益。而风险投资积极进入公司治理层，真实目的只是为了获取更多内部信息，并引导公司朝着自身有利的方向作出决策。更有甚者，风险投资会利用其自身专业优势，伙同公司一起进行报表粉饰、操纵股价，增加企业与中小股东之间的代理成本。例如，降低 IPO 前的盈余管理，以实现在锁定期结束当年的盈余翻转，从而获得更高收益（胡志颖等，2012）。而且，当企业的长期导向和经营理念与风险投资机构冲突时，会增加企业内部摩擦，甚至发生争夺控制权的行为，极大地影响了公司的经营效率。

4. 风险投资对家族企业财务后果的影响

目前，学术界关于风险投资对企业经济后果的影响研究较多，且分歧较大，但是涉及风险投资对细分领域家族企业的影响研究文献还比较少，然而家族企业与非家族企业之间有共性亦有个性。董静等（2017）从风险投资的行业专长性与创业企业的不确定性两个维度进行分析，认为风险投资的行业专长性越高，且根据不同创业企业的不确定性的高低选择合适的管理模式，越有利于风险投资的增值效应的发挥。叶瑶等（2018）从风险投资 IPO 退出的角度出发，研究风险投资在家族控股背景下以及政府控股背景下，对企业 IPO 长期回报产生的不同影响。结论表明，相比较政府控股而言，在家族控股企业中存在较为显著的先抑制后促进的阶段性影响。薛婧（2014）从风险投资声誉角度出发，研究发现风险投资声誉越高，越能对家族企业 IPO 后的绩效产生正向作用。赵静梅等（2015）从企业生产效率角度出发，研究发现只有高声誉的风险投资机构才能发挥出助力作用，而低声誉的风险投资机构只会影响企业正常的生产效率。也就是说，风险投资的声誉理论在家族企业中也同样得到了体现。庞仙君（2015 年）研究发现与非家族企业相比，当风险投资持股比例更高，即参与企业程度更高时，在企业在扩张期时介入，不仅有动力，也有时间参与企业经营管理，越能发挥积极作用，提高家族企业成长性。这可能是由于家族控股股东在企业筹办期、发展期都处于绝对控股状态，其在扩张期为了扩大企业规模，获得资金补充，风险资本才得到进入的机会。但是，有关风险投资如何在家族企业中运作，研究并没有提及，并且研究只涉及家族企业的成长绩效，并未考虑 IPO 之后的市场表现。2018年，庞仙君在 2015 年的基础上考虑了创始家族企业与后代家族企业的区别，并根据风险资本持股比例中位数，以及风险投资投入家族企业生命周期阶段划分，得出两组对比样本。研究发现无论风险投资持股比例高低，均对家族企业的成长性产生了消极影响，这与 2015 年的研究相悖；而关于风险投资阶段的研究与 2015 年研究一致，风险投资在企业扩张期起到了正向作用。

由于我国风险投资和家族企业发展起步较晚，有学者认为国内的风险投资机构专业能力欠缺，信息甄别能力较差，不能找到优质的投资企业，且过于急功近利，致力于通过盈余管理的手段来促使企业达到上市的条件。蔡宁（2015）研究发现，风险投资倾向于通过盈余管理操纵利润来美化财务报表，这使 IPO 后企业盈余管理程度与无风险投资背景的企业相比更高，其 IPO 后长期市场价值要低于无风险投资支持的公司，并且 IPO 时盈余管理程度越大，IPO 后的长期绩效也越差。国内学者李曜和张子炜（2011）的研究发现，我国风险投资机构的投资行业选择往往比较"冲动"，高估值的行业成为他们的优先选择，但入股的企业资质普遍较差，导致其认证作用得不到有效发挥，风险投资持股的企业有着更高的 IPO 抑价率。孙建华（2015）同样以创业板的上市公司为数据样本，实证分析证明了国内的风险投资机构在企业中起到了消极作用，而外资背景的风险投资机构有更强的信息甄别能力，即认证能力，对企业 IPO 之后的价值有一个提高作用。谢海东等（2017）认为，企业自身价值取决于创新能力和成长性，而我国风险投资并没有体现增值服务与认证作用，对企业的创新能力和成长性并没有显著的影响，继而对企业价值也无显著性影响。尽管有关研究未选取家族企业作为研究样本，但是依旧可以将选取家族企业作为研究样本进行研究作为参考。此外，唐建荣等（2018）认为外部投资者无法有效遏制隧道行为，对家族企业价值影响不显著。

通过梳理文献发现，风险投资对企业价值的研究分歧较大，分歧的产生主要源于风险投资和企业样本选取的不同，具体有关风险投资与家族企业价值的研究还需要对风险投资和家族企业的性质进行更细致地划分。

综上可见,有关风险投资对家族企业的影响的相关研究仍然较少,家族企业与风险投资的结合还不够紧密,增值效应和逐名效应在家族企业中仍然有明显的体现。但是相对来说,风险投资的增值服务仍然对家族企业产生明显的效果,主要体现在对家族企业治理结构的改善,如董事会的扩大、独立董事的增加、家族控股的减少、超额控制权的降低。但是有关治理结构在风险投资促进家族企业发展中是否起到传导作用,目前有关研究仍未有所涉及。

2.3.2 国有股权对家族企业影响的相关研究

1. 家族企业引入国有股权的动因研究

家族企业所有权和经营权的高度统一可能会带来公司治理问题,因此,委托代理理论认为,建立长期目标导向的家族企业通常会考虑引入外部力量进行企业治理(Schmid 等,2014)。家族企业引入国有资本后,能够凭借国有企业与政府之间的联系,直接或间接地建立政治关联(Faccio 等,2006;Boubakri 等,2008;罗党论等,2009;Chen 等,2011;陆瑶等,2011;余汉等,2017)。政治关联能够使家族企业获得更多的政策保障,如宽松的融资环境(潘克勤等,2014;宋增基等,2015)、大量的财政补贴(何强等,2019)、较低的税负(韩庆兰等,2017)。通常,国有企业拥有比家族企业更多的资金、设备和投资机会(余汉等,2017),家族企业可以将自身在经营效率、市场份额等方面的优势与之结合,形成双重优势。家族企业也有机会借助国有企业提供的平台冲破行业壁垒(韩庆兰等,2017),从石油、煤炭、钢铁、电力等相对垄断的行业中获取超额收益。因此,在利益动机的驱动下，当家族企业寻求外部援助时，更倾向于和国有企业建立一种互利共赢的长期关系（宋增基等，2015）。

2. 国有股权对家族企业控制权安排的影响研究

多数学者认为家族企业引入适当的非控股国有股权会增加企业的公司价值（Sun等，2002；Faccio等，2006；罗党论等，2009；余汉等，2017）。非控股国有股权的政府扶持动机很大程度上和家族企业需求动机契合，从而形成协同效应（陈建林等，2015）。家族企业将国有企业的资源进行市场化运作，这种协同效应能够改善企业的经营业绩（余汉等，2017）。同时，家族企业通常是风险规避型的（顾露露等，2017），学者们考虑从创新投入（Schmid，2014；唐清泉，2015；罗宏，2019）、创新产出、权变因素（陈建林等，2015；朱沆等，2016）等方面进行研究，发现非控股国有股权会激发家族企业的创新意愿，提高创新绩效（张斌，2019）。家族企业引入国有资本，也能弱化亲缘治理，提高管理水平（单蒙蒙，2019）。

随着国有股权在家族企业中比例不断加大，最终演变成家族企业国有化。有学者认为家族企业完全国有化反而会减弱协同效应（Boubakri等，2008），国有企业可能会安排人员进入董事会，抢夺家族企业话语权，对家族企业经营进行行政化约束，导致经营效率低、投资不足、利益冲突等新的代理问题出现。因此，要慎重考虑企业的控制权安排（徐细雄等，2012；郝云宏，2015），在家族企业引入国有资本后，能使企业内部的核心控制权、一般控制权和现金流权得到合理匹配与均衡。

3. 国有股权的经济后果研究

国有股权是指以国有资产对企业进行投资，并且按照投资额的份额分配留存收益的权利。本书所指的国有股权参股权是指国有股权以非控股的形式参股民营企业。国有资产属于整个国家，国有股权是由政府委托政府官员在企业中作为国有股东参与经营决策，所以国有股权和政府之间存在天然的联系（杨中仑，2014）。民营企业家参政和国有股权参股是两种重要的政治关联渠道，且后者政治效应更强（余汉等，2017）。另外，现有研究表明民营企业通过引入国有股权可以增加其信贷资源（宋增基等，2014）和进入高壁垒行业的机会（余汉等，2014）。

（1）国有股权参股的资源效应

基于社会资本理论和政府的扶持之手理论，民营企业家希望通过引入国有股权与政府建立紧密的联系，从而寻求安全的发展环境并争取更多的发展资源（张铄等，2016）。国有股权的存在帮助民营企业传递出一种"好消息"，给民营企业增加了竞争优势。有许多学者已经验证国有股权参股能够给民营企业带来一系列好处甚至帮助民营企业解决经营困难。首先，非控股国有股权有利于扩展民营企业投资渠道（陆瑶等，2011），减少民营企业贷款金额和还款期限的限制并缓解民营企业融资困难（郝阳等，2017）。其次，从税收视角看，国有股权参股显著降低了民营企业税收负担（郝阳等，2017），还有学者以马来西亚上市公司为样本，实证检验发现国有股权作为一种政治关联渠道，能够显著降低企业税收负担（Adhikari，2006）。再次，非控股国有股权有利于提高企业绩效并增加政府金融支持力度，扩大企业发展规模（杨北京等，2019）。最后，基于信号理论，如果企业拥有一部分国有股权，可以向外界传递一种政治信号，政府愿意给企业提供支持并与其共担风险，那么就能够降低投资者与企业间的信息不对称程度，有利于缓解企业信贷约束（Sun，2002），提高其经营业绩

(谢琳等，2012)。

依据我国经济发展的特点，企业发展的很多资源如石油、天然气等稀缺资源都是由政府控制（张天华等，2016），因此，企业与政府建立紧密的政治联系可以帮助企业获取经济资源，帮助民营企业进入高壁垒行业（张金涛等，2018）。国家的发展资源是有限的，而这些有限的资源是由政府分配，政府在分配资源时往往会根据远近亲疏的原则区别对待。政府是资源分配的主导者，也是国有股权的实际控制者，因此在分配资源的过程中，存在国有股权的企业更容易获得政策倾斜，分配到更多资源（罗宏等，2019）。另外，政治关联能够增加企业的政府补助金额，有利于帮助企业进行自主研发和技术创新，提高企业创新绩效（Chen，2011）。还有学者发现，国有股权参股家族企业能够提高家族企业创新投入。

产权保护是民营企业发展的重要外部条件。从实践中看，我国的产权保护制度尚需完善，且存在地区发展不平衡问题，不利于民营企业的发展。作为一种非正式的替代保护机制，与政府建立紧密的关系逐渐成为许多民营企业家保护自身产权不受侵害的选择（Shleifer，1994）。已有学者实证检验发现，在产权保护方面，国有股权参股比民营企业家参政效应更强（张铄等，2016）。

（2）国有股权参股的政治干预效应

国有股权参股这一重要的政治关联方式在给企业带来资源效应的同时，也会带来政治干预效应。从企业长期的经营发展来看，如果企业中存在国有股权，那么企业可能需要承担更多的社会责任。这将会影响企业追求股东利益最大化的目标，干预企业的经营决策，最终损害企业绩效（Shleifer，1994），并且企业政治关联程度越大，企业绩效表现越差（李维安等，2010）。此外，为了与政府建立政治联系，企业需要付出较高的成本，因此降低了企业主营业务的投资额，导致企业长期发展受限（杜兴强等，2010）。从社会公共资源角度来看，存在国有国权参股的民营企业能够获得更多的政府补助，会导致资源错配，且在政府补助进入民营企业后，政府必然会干预企业对其支配和使用，因此政治关联是一种隐形的政治干预手段（韩剑等，2014）。另外，有学者实证研究发现，国有股权缺乏有效股东的特殊性质，使它在执行的过程中加剧了企业的委托代理问题，导致管理层创新动力不足，对民营企业技术创新产生明显的抑制作用（白俊等，2018）。我国学者张雯从企业并购角度研究发现，与不存在政治关联的企业相比，那些与政府建立政治关联的企业产生的并购行为更多，但并购绩效却显著降低（张雯等，2013）。政治关联还会显著增加民营企业实施盈余管理行为的动机，降低会计信息披露质量，增加财务风险（沈红波等，2014；逯东等，2015）。

2.4 研究述评

由以上文献回顾可看出，国内外文献对家族企业、非控股股东治理能力的理论与实证研究积累了大量成果，并且形成了一个明确的发展态势，但仍存在一些不足。基于上述国内外文献的回顾，以下几个方面将是进一步研究的方向。

第一，需进一步关注不同类型、不同特征的非控股大股东对企业的影响。以前的研究多将非控股大股东作为一个整体研究对象，从本书研究综述可以看出，不同类别、不同特征的外部股东的投资目标、治理机制、治理能力和动机都各有差别，如果不加以区别分析，就难以获得可靠和有针对性的结论。

第二，需进一步关注非控股股东的治理机理研究。以前的研究多直接关注非控股股东的存在对财务绩效的影响，而关于非控股股东的治理机理的研究相对较少。非控股股东的治理功能会受到企业内部环境（如现金流权、股权性质、持股比例）等因素影响，也会受外部环境（如投资者法律保护、经济发展水平、金融环境）等因素影响。同时，非控股股东主要通过哪些途径发挥治理作用？以及非控股股东介入公司治理是会与控股股东形成合谋，抑或是制衡控股股东的私利行为？在改善治理结构的同时是否能进而提高企业价值？厘清这些问题的答案，将有利于更好地分析非控股股东对家族企业的作用机理。

第三，需进一步关注在混合所有制改革背景下，国有股权入股家族企业的治理问题。首先，目前学术界对于混合所有制改革的研究主要集中在国企如何吸收民营资本层面，而同样作为混合所有制改革的重要路径，民营企业引入国有资本进行"反向混改"的问题急需学术界重视；其次，民营企业可以进一步细分为家族企业和非家族企业，家族企业有其自身的治理特性，国有资本的参股对其发挥的治理作用和价值效应也必定不同；最后，国有股权参股家族企业所带来的资源优势是否都能够提升企业价值，以及影响路径和具体情境是什么，现有研究很少关注和检验。

第 3 章　家族企业治理的相关理论基础

3.1　委托代理理论

委托代理理论是研究公司治理相关问题时的主流理论，由美国经济学家 Berle 和 Means 于 20 世纪 30 年代首次提出，之后不断得到完善。学者普遍认为由于所有权与控制权相分离，委托人和代理人之间利益不一致且存在信息不对称，企业中普遍存在所有者与管理者之间的代理问题（即第一类代理问题）和大股东与中小股东之间的代理问题（即第二类代理问题）。企业的控股股东不同，就会产生不同的代理问题，设计合理的激励机制让委托人与代理人的利益尽可能重合，同时加强监督以降低代理成本便成为必要之举。在家族企业中，普遍存在"一股独大"，早期家族控股股东往往安排自己的姻亲、血亲进入企业工作，在重要岗位占有一席之地，基于共同的家族利益，第一类代理成本较低。但是有学者认为家族管理反而增加了企业的代理成本，因为控股股东对公司运营情况较为熟悉，有能力来侵占小股东的利益，同时只要违规成本低于收益，这种侵占就会发生。包括进行关联交易、通过发行股票或股利分散小股东的利益（Gogineni 等，2009），也包括不披露或者延迟披露坏消息。因此，家族企业集中的股权反而产生了控股股东侵占其他股东利益的负面作用（Shleifer & Vishny，1997），增加了代理成本。

  非控股大股东与被投资企业之间也会形成委托—代理关系。非控股大股东作为资本提供者，对企业进行投资，被投资企业作为代理人经营受托的财产并创造利润。双方的委托代理关系通过投资协议约定，这种关系同样会产生道德风险和逆向选择问题。非控股大股东在选择投资时，往往依赖被投资企业提供的信息。尽管这些信息有助于非控股大股东了解企业的经营业绩、治理结构和发展前景，但被投资企业可能存在的"自治"心理使其不愿意与非控股大股东分享所有信息，尤其是"一股独大"的家族企业。由此产生的信息不对称很可能导致被投资企业管理层的逆向选择。在非控股大股东进入企业后，持有的股份份额相对较低，而被投资企业的大股东为了使自身利益最大化，可能产生有损非控股大股东利益的行为，如占用企业资金、为关联企业提供担保等，这些会导致大股东的道德风险问题，非控股大股东为了避免逆向选择和道德风险问题，控制代理风险，会向被投资企业董事会派出代表（袁蓉丽等，2014），直接参与企业的经营决策，同时削弱大股东和管理层对董事会的控制力。

  尽管委托代理理论在许多研究领域证明是成立的，但由于其严格遵循的财务利己原则在现实中逐渐弱化，使委托代理理论越来越受到批判和挑战。当效用最大化假设被简化为财富最大化时，委托代理理论的适用性就会降低。因为个人行为不仅具有财务动机，对非财务动机同样具有偏好，而人们总是会选择作出综合效用最大化的决策和行为。为个人提供同等甚至更大效用的非财务因素包括伦理、公平和利他主义。

3.2 信息不对称理论

Fama（1970）所提出的有效市场假设是经济学重要的理论基础之一，然而完美的有效市场在现实市场环境中并不存在，只能是一种超越现实的理想状态。信息不对称是存在于现实中的客观事实，对于一个信息源，交易各方之间信息分布也总是并不均衡的，也就是说一些人比另外一些人更具有信息优势，例如，在家族企业中，家族成员比外部投资者更易获得公司内部信息。为了减少信息不对称可能造成的损失，外部投资者就需要花费一定的时间和财力去获取更多更有用的信息来降低投资风险，以帮助其做出最佳的投资决策。显然信息的获取是需要付出成本的，并且信息的不对称程度越高，信息成本也就越高。信息不对称包括事前的隐蔽信息和事后的隐蔽行动，两者都会扭曲资本市场上的资金供应和投资机会之间的有效配置。通常，信息不对称有以下表现形式：①信息源的不对称，这是由交易者获取信息的渠道不同而引起的，一个无可辩驳的事实便是作为上市公司实际控制者的家族股东总比外部投资者更加了解公司的内部经营状况；②信息获取时间的不对称，即交易者获取公司信息的时间差异，较早获得信息的投资者相对较迟获得信息的投资者更具有相对信息优势；③信息数量的不对称，不同类别、不同层次的交易者获取公司信息内容的数量是存在差异的。信息不对称会导致逆向选择和道德风险问题,使投资者承担额外的信息风险,也会给经营状况较好的公司带来不公平交易的风险,最终对市场正常、公平、有效的运行产生重大的影响。

3.3 社会情感财富理论

家族企业是指创始家族拥有重大所有权或运营控制权的企业。家族企业的经营目标与代理理论中典型的纯财务动机有显著不同。因此,传统代理理论很难适用于家族企业。

为了应对这种差异,Gómez-Mejía 等人(2007年)提出了一个超越代理理论的社会情感财富(SEW)理论,并发展了一套可以解释家族企业作出与代理理论不一致决策的方法。他将家族企业追求的非财务目标划分为情感、文化价值观和利他三个维度,该观点使家族非财务目标方面的研究正式化、系统化、理论化。本质上,SEW 是一个家族通过控制公司而获得的非财务收益的总和。研究认为,家族企业的风险偏好随着 SEW 的选择而改变,在面对战略选择困境时,即当企业处于高绩效、低风险的战略环境而将失去 SEW,或是处于低绩效、高风险的战略环境而保留 SEW 两种情景时,家族企业会更优于考虑后者。Berrone 等(2012)将 SEW 扩充至五个维度,分别是家族控制、家族成员认同感、社会关联、情感联结和传承意愿五个维度。SEW 理论是行为代理模型的延伸,该模型的核心理念是企业的关键战略选择其实不是企业内部共同决策的结果,绝大多数是基于企业的核心控制人,而核心控制人的目标是保证自己所拥有的企业财产份额不受损失(Cennamo,2012)。家族企业的关键决策者即实际控制人,实际控制人对企业的差额控制权影响家族企业的决策与发展。朱沆(2012)认为在关于 SEW 的测量方面，除实际控制人持股比例外，家族的管理参与（management involvement）和跨代参与（trans-generational involvement）也可作为 SEW 的代理变量。并且，SEW 的成功构建使有关家族企业代理合约、代际传承和管理专业化，包括在风险感知和战略选择方面等违背传统经济学与管理学理论解释的特殊现象，以及家族企业研究出现的众多分歧提供了新的理论解释。

SEW 理论认为，家族股东与其他投资者的目标并不相同。因此，家族作出有利于获取 SEW 的决策可能会牺牲其他利益相关者（如机构投资者）的利益，而这些利益相关者并不分享 SEW 带来的效用。家庭成员对 SEW 丧失的担忧往往优先于对财务损失的风险规避，这是传统代理理论无法解释的。

受到 SEW 的激励，创始家族成员作为大股东，有动机也有能力从非家族股东那里攫取私人收益。比如，家族成员可以滥用权力从公司获取资源或偏袒家族成员。家族企业可能不太关心与少数股东的沟通，导致更高程度的信息不对称。而且已有文献发现当创始人担任家族企业 CEO 时，会计变得不够稳健，每股股息也显著低于非家族企业。Anderson 和 Reeb（2004）证明家族控制的公司外部独立董事更少。家族大股东常常从事利他活动，并努力维护家族控制，即使会牺牲更高的回报（Jones，2008 年）。家族大股东很少为了企业发展更换自己去聘请职业经理人，而常常因为裙带关系而将公司传给不合格的下一代（Perez-Gonzalez，2006）。总之，上述研究表明，家族大股东以牺牲财务利益为代价追求 SEW，这会与其他股东发生冲突，扩大代理问题。

3.4 利益相关者理论

利益相关者理论起源于 20 世纪 60 年代，英、美等国家率先将其应用于公司治理领域。1963 年，斯坦福大学研究所首次明确利益相关者的地位——利益相关者是企业得以生存的基础；1984 年，管理学家弗里曼（Freeman）出版其经典著作《战略管理：利益相关者管理的分析方法》，书中指出，企业的任何发展都离不开利益相关者的支持，企业追求的是整体利益，而不是个别利益。Freeman 提出利益相关者管理理论，同时根据他们所拥有的资源差异，将其分为三个类别，形成了经典的多维细分法。第一种类别指的是购买或拥有企业股票的人，如董事会成员、管理人员，即所有权利益相关者；第二种类别指的是与公司有经济往来的相关群体，如员工、债权人、内部服务机构、雇员、消费者、供应商、竞争者、地方社区、管理结构，即经济依赖性利益相关者；第三种类别指的是与公司在社会利益上有关系的人，如政府机关、媒体以及特殊群体，即社会利益相关者。Freeman 界定的是广义上的利益相关者，他笼统地将所有利益相关者放在同一层面进行整体研究，给后来的实证研究和实践操作带来了很大的局限性。1997 年，美国学者 Mitchell 和 Wood 用米切尔评分法对利益相关者进行划分，将利益相关者的界定与分类结合起来。他们提出利益相关者至少符合"合法性、权利性、紧迫性"这三个属性中的一种。他们依据这三个属性对利益相关者进行赋值，根据分值结果形成三个类型。第一种指的是同时符合"合法性、权利性和紧迫性"三种属性的人，即确定型利益相关者。企业需要重点关注和紧密联系这类利益相关者，如股东、员工和顾客。第二种指的是符合"合法性、权利性、紧迫性"这三个属性中的两种,即预期型利益相关者。比如:投资者、雇员和政府部门符合"合法性、权利性";媒体、社会组织符合"合法性、紧急性";政治和宗教的极端主义者、激进的社会分子符合"紧急性、权利性"。第三种指的是符合"合法性、权利性、紧迫性"这三个属性中的一种,即潜在型利益相关者。

传统公司治理理论遵行"股东利益最大化"原则,认为公司需要将股东利益放在首位,因为股东是公司的所有者,股东地位至上,公司经营的目的就是为了替股东谋利。利益相关者理论的出现改善了传统公司之理论的局限性,认为企业并不是只属于股东,企业在进行所有权分配的时候不能仅仅考虑股东提供的物质资产,企业所有的利益相关者都可以享有企业的所有权,保护其他利益相关者的利益和保护股东利益同样重要。在现代公司经营中,由股东进行企业的日常管理与经营,拥有企业的所有权,但是如果企业生产经营出现重大问题,债权人承接企业的所有权,并决定将企业进行重组清算等处理。再比如,员工也可以拥有对企业的控制权利,如果企业不能支付员工劳务报酬时,这种情况也有可能会发生。因此,企业在经营决策过程中必须积极考虑利益相关者的经济利益,并给予他们一定的话语权,让其参与企业的经营管理。

依据利益相关者理论,在家族企业参与反向混合所有制改革过程中要重视协调家族企业、政府与国有企业之间的产权关系,以及家族成员、普通员工与国有企业成员之间的劳资关系。在公司治理结构中,就协调股东、董事会、经营者、员工及其他利益相关者的利益作出恰当的制度安排,推动了利益相关者共同治理模式的发展,从而规范和完善企业的治理机制,为企业效益的提升奠定基础。

3.5 资源基础理论

从企业内部来看,所有者、所有者家族及其成员与企业之间的相互作用,形成了独特的家族性资源和能力,进而带来家族企业的竞争优势(Barney,1996),并最终对家族企业绩效产生影响(Habbershon & Williams,1999)。而随着家族企业的成长,内部的异质性资源无法提供持续的竞争动力,只能从外部环境去获取资源。由于外部环境的不确定性以及一个企业不可能得到自身发展所需要的所有资源,企业就会倾向于追求更多的资源来支持自身的发展,以及减少外部不确定因素带来的冲击(Pfeffer,1978)。因此,引进外部资源、重塑资源结构,能够形成新的竞争优势。

资源基础理论的研究内容包含"企业为什么存在不同以及企业怎么样获取和保持竞争优势"(Rumelt,1984;Barney,1996)。企业是一个资源的集合体,除了其本身拥有的资源外,企业需要同资源的提供者保持一种长期稳定的关系,以使自身能持续得到关键性资源(韦浪,2020)。中国社会的资源往来具有非常显著的"差序格局"特征(高闯,2008),也就是说任何社会主体都会依照亲远关系来确定判断标准和处理事务。例如,存在政治关联的企业往往能够获得资源便利(蒲勇健,2020;翁欣,2021)。

在家族控股的混合所有制企业中,家族企业通过国有股权的进入增强了与政府的联系,因此家族股权与国有股权之间形成了"共生关系"。这种关系相比于传统的政治关联更是一种制度层面上的联系,从而使民营企业更容易获得社会资源和便利(Harford,2008)。在资源获取方面,家族所有权与非控股国有股权从企业内外部两个层面为家族企业提供人力资源、资金资源和物质资源，从而使企业可以掌控更多的资源（陈建林，2015）。比如，国有股权能够紧密企业与政府的合作，家族企业获得更多的政策保护以及信息和资源支持（于树江，2020；徐炜，2020；赵璨，2021）。在资源运用方面，家族所有权的优势在于经营灵活性高和市场触角灵敏，非控股国有股权的优势在于其可以发挥"承诺信号"作用（Fan，2008），为企业争取政策支持和协助企业进入新的行业，两者的合作可以提高资源运用的效率。因此，家族所有权与非控股国有股权可以实现资源的优势互补。

3.6 制度经济学理论

制度是规范日常生活和社会行为的一种基本规则。广义范围的制度是指宪法、法律、行政法规等正式性制度，同时也把习俗、文化等非正式的制度加入其中。制度不仅可以约束人们的经济交易行为，还可以规范日常生活，同时还会影响资源配置的效率，制度的完善程度还是衡量一国综合实力的重要方面（North，1990；张五常，1985）。

企业的发展离不开制度环境，不同地区的制度环境差别很大，因此，企业需要不断调整组织结构来适应所处的环境，为企业发展趋利避害。North 和 Thomas（1973）的研究均认为，经济活动的交易成本会随着制度安排的不同而不同。企业的交易约束条件和激励政策都会受到制度的影响，所以制度可以影响企业的决策方案。著名学者周立群（1999）认为，企业的经济行为是企业实际控制人为实现其自身利益而进行的，因此成本与收益将不断进行博弈。制度在公司治理中至少要满足企业经营两个方面的需求。第一，制度应该明确政府和市场的职能（Gul 等，2005）、基本的市场经济要素（Allen 等，2005）。

即制度应该规定生产要素及定价机制的基本规范。第二，制度应该满足公司正常运营的需求。一套健全的法律体系使企业在发生经济纠纷时可以迅速寻求法律援助（La Porta，1998）。同时，在有效的制度环境下，经理人市场和信息披露制度应该比较健全（Lundholm，1996）等。从制度变迁的角度来看，如果正式的法律制度不能很好地满足企业日常生产需求，企业通常会增加非正式制度来使经济活动可以获得更大的利润。

在不同的国家和地区，制度环境也是不同的。投资者为了保护自己的利益不受到侵害，形成了各种不同的治理体系来维护自己的利益。有学者研究认为，英国、美国等法律制度体系比较完善的国家主要依靠法律手段来保障投资者的合法权益。而日本等国家则是通过大型银行来保护投资者利益。中国以及东亚国家的股权则是高度集中在创始人家族手中，外部投资者的保护程度相对较弱（Shleifer & Vishney，1997）。从这些学者的观点中，得到了一个研究家族企业新的思路。如果国家的正式制度比较健全，家族企业的创始人可能不会如此热衷于集中控制权。即家族企业可能是正式制度缺失时形成的一种替代性制度。在正式制度不完善时，家族企业通过集中控制权来用以保护自身的利益。

如果家族企业控制权是一种制度环境的替代性工具，那么家族企业和制度环境的关系更加复杂，而并不是简单的对立关系。在不同的制度环境中，创始人及其家族在企业中的作用并不相同。在全世界范围内，家族企业广泛地存在，而各国之间制度差别很大。同时，家族企业的形式差异也很大，大部分的家族企业是由创始人成立，并且由创始人及其家族所控制，但是也有一些家族企业是以上市公司的形式存在的（La Porta，1999）。

家族企业是国民经济中的重要组成部分,所以需要从不同的视角来分析家族企业运行机制以及其存在的问题。家族企业不仅仅是管理学所研究的问题,还可以和金融、宗教和文化等学科交叉进行研究。目前,家族企业与制度环境相结合的研究较少。但是实际上,制度环境在很大程度上影响着家族企业的经济行为。

在绝大部分西方国家,制度环境相对成熟而且地域有限,本国各区域内的制度环境差异很小。所以,研究制度环境对组织行为的影响往往只能采取制度环境纵向变化这一时间变量。然而,在不同时期还发生了很多其他变化,会对研究结论形成干扰。也有学者试图采用跨国样本解决这一问题,但不同国家的文化、体制、国情等差异巨大,同样存在无法克服的内生性问题(单蒙蒙、宋运泽,2019;Kong 等,2019)。

从 1978 年开始,中国从中央计划体制向市场经济体制过渡,随后的市场化进程更是高速推进,但也扩大了国内的地区差距(特别是东南沿海省份与西部地区的制度环境和经济发展水平的差距),一些宏观经济数据也证实了这一观点。在市场化进程和投资环境等领域,各省的制度环境存在着巨大差异,而这一现实背景有利于考察同一时间下机构投资者对不同制度环境的反应,能避免部分内生性问题,提升了实证结论的稳健性(朱建安等,2015)。

第 4 章　制度环境背景下风险投资对家族企业控制权的影响

4.1　引言

4.1.1　研究背景与意义

1. 研究背景

自改革开放以来,民营经济成为国民经济增长的重要力量。我国民营企业多由家族成员控股并掌握主要经营管理权。其中,相当比例的家族企业诞生于改革开放之初,经过几十年的发展,未来将迎来大规模的权力转移与继承。在这些企业中,家族既要保持对企业的控制权又要谋求企业发展,二者之间的矛盾越来越大。家族企业并不总是以企业增长为目标的,其实际控制人还会考虑在增长过程中能否持续掌握企业的控制权。在成长与控制之间,大多数家族企业家选择了保留控制权,而放弃了以控制权稀释为代价的高成长率。许多小企业最初都是由家族所有和管理的,但企业规模扩大和公开上市后,其创始家族却依然积极保持控制权(Chu,2011)。如何破解控制权代际传承中的难题,实现家族控制权和企业可持续发展引起了研究者的注意,而控制权配置是其中关键的问题。

Hart 和 Moore(1990)的研究使不完备合同理论将控制权放到企业组织的核心地位上,这是因为在不完备合同的情况下,控制权的配置是产权效率的重要决定因素。家族企业对于控制权有着天生的偏爱,这是因控制权的创造性运用是企业获取价值或创造企业家利润的重要工具,也与家族企业的传承和家族价值观密切相关。在产权保护和代理成本较高的制度环境下,控制权也成为一种替代性制度工具而被家族用来保护其产权利益免受侵犯。自分散的所有权结构成为现代大型企业的主导性结构以来,家族企业如何在分散的所有权和家族对于剩余控制权的掌握上获得平衡,是一个现实困境。家族企业最重要的治理特征是控股家族在股东大会、董事会等不同层级上控制企业,形成家族超额控制权,这对家族企业的持续成长和竞争力提升有着直接的影响,由此也会影响家族企业在我国经济发展中的作用。然而,面对制度转型中的市场化进程,家族企业如何应对?家族如何保持对企业的高度控制?这些问题迫切需要构建起与国际接轨而又适合国情的家族企业治理平台。

纵观国内外理论文献,尽管学者们已经关注家族企业,但是对中国家族企业的控制权结构特征以及控制权偏好的成因仍缺乏足够的认识。家族控制权结构和方式可能是一个受到制度环境影响显著的变量,然而在目前代理理论主导的研究框架下,研究人员可能严重忽视了制度和环境情境因素对家族治理的影响,其研究结论的适用性是存在疑问的。Peng 和 Jiang(2010)基于跨国比较研究发现,家族所有权和控制权与企业价值的关系(正向、负向或者无关)取决于一国法律制度环境所蕴含的投资者保护程度。这说明,基于制度理论的研究将有助于扩展家族企业控制权的理论框架和实证研究,而对于家族企业控制权结构和方式的分类研究将丰富和拓展家族控制的内涵。

近年来,随着中国资本市场的壮大,风险投资机构井喷式爆发。清科私募通数据库公布了一组数据,在募资方面,2017 年,全球风险投资机构新募集了将近 900 只基金预备投入中国大陆,总金额约为 3500 亿元。风险投资虽然是一个新兴的行业,但是对企业的发展壮大,尤其帮助企业上市的作用不容小觑。风险投资对于家族企业治理机制的改革已经广泛存在于市场中,其中有失败的品牌案例(如"真功夫"),也有成功的品牌案例(如"自然美"和"达芙妮")。风险投资一般都从两个方面进行改革:一方面是经营权的改变,主要体现在家族高管更换为职业经理人,经营管理的职业化淡化创始人的影响;另一方面是股权结构的合理化,主要表现在减少家族控股,实施股权激励等。自 20 世纪 90 年代以来,随着 La Porta 等(1998,1999,2000)开创的"法与金融"研究在世界范围内的兴起,国外学者开始从国家层面的法律机制解释不同国家资本市场发展和大股东侵害小股东状况的差异,如 Allen 等(2005)、Fan 等(2007)。家族企业的治理问题近几年越发引起关注,本书将通过研究不同制度环境下风险投资对家族企业控制权的影响,试图找到解决家族治理困境的办法。

2. 研究意义

本书旨在考察和探讨在我国制度背景下,风险投资在家族企业中介入的动机和所发挥的作用。该研究对于风险投资、拟上市的中小企业、家族上市公司以及资本市场的健康发展，都具有十分重要的理论价值和现实意义。

具体而言，本书的意义包括以下两个方面：

第一，科学意义。有助于推动关系文化嵌入情境下的中国本土管理学研究的发展。由于现代经济、管理、金融等学科兴起于西方国家，所以在研究范式及理论假说上也主要依托西方国家的制度背景环境。而对于诸如中国等新兴市场国家而言，文化、法律、政治等领域的巨大差异足以使传统的研究范式和理论成果都需要经过调整和重新验证才能有效地契合现实状况。新制度学派注重在不同制度安排下，企业、企业家行为及绩效的差异。因此，本书通过引入制度环境视角，更为切实地研究在关系型治理下，风险投资对中国家族企业治理的影响，从而推动了在关系文化嵌入情境下的中国本土管理学研究的发展。

第二，现实意义。有助于中国家族企业更为有效地了解风险投资的角色定位和发挥风险投资的治理功能。关系主义导向深刻地影响了中国家族企业公司治理机制，并形成了关系治理和社会资本控制这种非正式制度安排。特别是在我国新兴加转型的市场环境下，正式治理机制难以有效建立或运行，企业家的社会资本网络就成为中国家族企业最为重要的治理机制。而风险投资的引入，通常会参与所投资企业的治理结构，并积极推动董事会等正式治理制度建立和有效运行，从而冲击了社会资本对所投资企业的影响。因此，本书能够对中国企业管理者在引入股权融资和加强公司治理等实践上提供必要的知识和思路。

4.1.2 概念界定

1. 制度环境的定义

对于制度和制度环境的定义主要来自新制度经济学的贡献，这一研究领域虽然有着宽泛的分析范式，但是主要研究成果都是建立在科斯（1937，1960，1988）、诺斯（1990）、威廉姆森（1985，1996）的基础之上，特别是威廉姆森（2000）从四个不同的层次细化了制度的类型。第一层次（最高层也是最基本层）是非正式制度，如宗教、社会习俗和社会标准。它们变化缓慢，以千年的时间数量级延续。第二层次是由正式规则组成的制度环境，包括宪法、法制体系、法律系统和正式的法律制度，这种制度环境的变迁可能在数十年之久。第三层次是治理，主要包括为每一种交易类型选择合适的治理模式，或者按照诺斯的话来说，选择相应的组织，其目的在于节约交易成本。这种交易类型与经济治理模式相匹配的思想就是威廉姆森（1996）著名的"差别匹配假设"（discriminating alignment hypothesis）。最后，第四也是最低层次的活动，包括了如生产、雇佣、市场均衡等常规的经济活动。在应用层面上，由于一些概念尚显模棱两可和含义重叠，很多学者会将第一层次和第二层次的制度混为一谈，但对于企业的经济结构的研究基本上都被视为第三层次的制度。而第二层次和第三层次制度之间存在着重要的反馈机制，所以企业面临的制度环境是一个需要从功能上进行定义的概念。在经济活动中，良好的制度环境能保护财产权利，维护契约实施并对违约行为施以恰当的惩戒，并且有降低交易成本、减少外部性等的作用。这就使制度环境的优劣不是纯粹成文法条的辨义，而是一个综合很多因素后的考量。所以如何设置一个反映良好的制度环境的数量指标体系也是研究的热点，如Kaufirman、Kraay和Mastruzzi（2003）等学者的研究。

在国内由樊纲和王小鲁等从2001年开始编制的中国市场化指数以及在各地区市场化相对进程的报告中，就包含了五个可以反映中国总体市场经济制度环境的要素，这五个方面包括"政府与市场的关系""非国有经济的发展""产品市场的发育""要素市场的发育""市场中介组织和法律制度环境"。以这套指数作为标准，我国不同地区之间市场化程度存在较大差异，制度环境并不相同。所以本书将该指数作为衡量制度环境的一个指标。

2. 风险投资的定义

"风险投资（venture capital，VC）"这一词语及其行为通常被认为起源于美国，是在20世纪六七十年代后，一些愿意以高风险换取高回报的投资人发明的。在维基百科的解释中，风险投资是私募股权的一种，通常为处在导入期，并具有很高潜力和成长性的企业提供资金，最终通过IPO或者公司并购等方式来获得投资回报。而私募股权是一种比较宽泛的概念，指以任何权益的方式投资于任何没有在公开市场自由交易的资产。在中国，无论是学术界还是专业的投资人，对风险投资和私募股权（private equity，PE）之间的区别并没有清晰的认知，通常认为主要投资于企业早期阶段的属于风险投资，而那些投资于企业扩张或者成熟期阶段的属于私募股权的范畴。但是，一来投资机构在投资的时候并无明显投资阶段限定（只能说可能有投资阶段的偏好），二来对企业的发展阶段也很难清晰划分。而本书将投资于企业IPO之前，最终帮助企业在A股上市，并在公开市场退出的以公司形式存在的专门性资本，全部称之为风险投资。而根据美国风险投资协会（National Venture Capital Association，NVCA）对风险投资的定义：风险投资是由职业投资家与其管理经验一起，投入新兴的、迅速发展的、具有巨大经济发展潜力的企业的一种权益资本。

VC作为一种商业模式的定义。它的作用流程如图4-1所示。第一步，风险投资寻找合适的目标，或者旨在上市的企业主动联系风险投资机构。风险投资完成内部一系列评估流程后，向被投资企业注入资金，获得企业的部分股权，然后在相应的经营层面对企业进行改造，提供各种增值服务，帮助企业更加规范化，达到增值的效果，最后通过企业并购，或者让企业上市，在证券市场脱手，将股份高价卖给战略投资者或公众，从而完成一个投资循环，获得高额报酬。

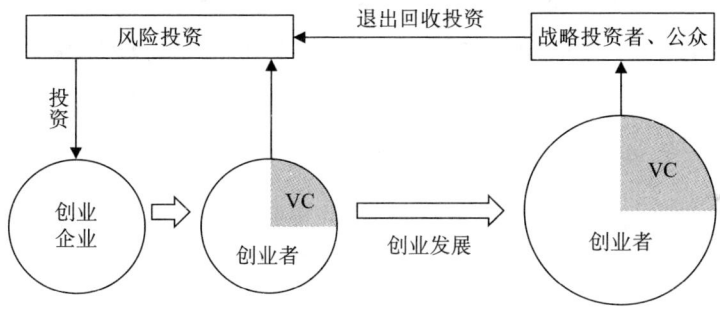

图4-1 风险投资的运作模式

1998年发布的《中央关于加快发展我国风险投资事业的提案》成为中国风险投资行业的强心剂，2009年创业板的推出为风险投资的进入和退出提供了良好的机遇。2018年9月，基于深入实施创新驱动发展战略，国务院发布了32号文件《国务院关于推动创新创业高质量发展打造"双创"升级版的意见》，明确指出要充分发挥创业投资支持创新创业作用。如图4-2和图4-3所示，2014—2018年风险投资在中国发展迅猛，从基金数量和募集基金规模来看，呈逐年上升的趋势。

在交易数量和交易金额方面,受 2016 年"双创"的影响,资本市场剧烈过热之后迎来下降,2017 年的资本市场受到一定的冲击,募集资金的规模和交易数量以及交易金额都普遍走低,2018 迎来强势反弹,"泡沫"不会总是存在,总体资本市场仍有广阔前景。

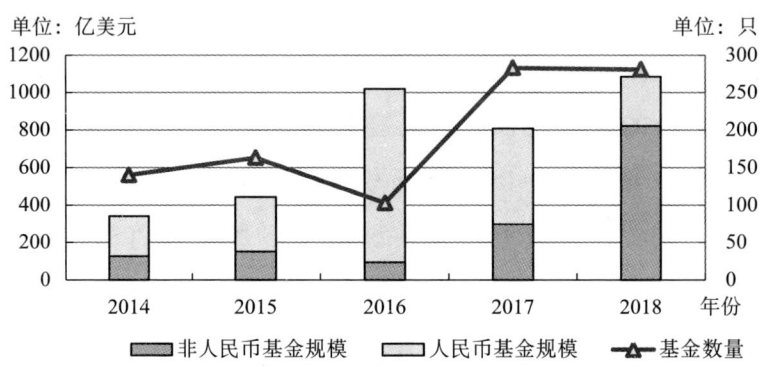

图 4-2 2014—2018 年私募股权/风险资本在中国募集资金情况

数据来源:普华永道中天会计师事务所. 2018 年中国企业并购市场回顾与 2019 年展望[R/OL]. (2019 - 02 - 19)[2020 - 12 - 12]. https://www.pwccn.com/zh/deals/publications/ma - 2018 - review - and - 2019 - outlook.pdf.

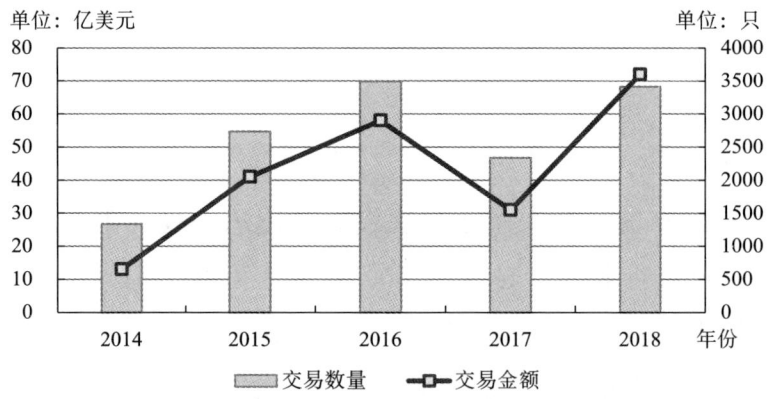

图 4-3 2014—2018 年风险投资交易规模

数据来源:普华永道中天会计师事务所. 2018 年中国企业并购市场回顾与 2019 年展望[R/OL]. (2019 - 02 - 19)[2020 - 12 - 12]. https://www.pwccn.com/zh/deals/publications/ma - 2018 - review - and - 2019 - outlook.pdf.

3. 家族企业的定义

家族企业发展至今，学术界并未从理论上给予其准确一致的定义。Shanker 等（1996）根据家族的涉入程度提出了家族企业的三层定义，实质则是所有权、管理权和传承三种要素的分配。从广义来说，家族对企业战略方向进行有效的控制，并将企业在家族内部传承；中间定义即创业者或者其后代经营公司，并持有一定数量的表决权，此时家族少量参与企业；从狭义来看，要存在家族两代及以上代际传承，家族拥有企业并直接参与经营管理，家族中存在一个或多个人员担任高级管理的职位，涉及了家族的大量参与。Shanker 等（2010）对之前的定义进行了修正，他们根据家族参与的三种模式，用一个"公牛眼睛"形象地描述了家族企业更为全面的三层定义。

从具体量化来看，苏启林和朱文（2003）提出家族的最终控制者能追溯到自然人或家族，而其直接或间接持有的企业必须是上市企业第一大股东。La Porta 等（1999）、Classens 等（2002）、Anderson 等（2003）的研究都把控制权、终极（或中间）所有权是否达到某一临界值作为唯一标准，属于广义家族企业定义，这种单纯的基于静态所有权比例的划分，并没有考虑到具体的制度环境、具体国情及企业的发展程度。

中间定义即既考虑所有权还需要考虑经营权，即家族控制与家族管理两种维度。Lansberg 等（1999）认为典型家族企业是多位具有血亲关系的家族成员共同控制并参与管理的企业。王明琳等（2010）从临界控制权和家族介入程度两个指标考虑：①上市公司的实际控制者可以追溯到家族或自然人，且控制权达 15%；②至少有两位具有血亲关系的家族成员担任上市公司高管职务（包括董事长、董事和高层经理职务）。

从狭义来看，家族企业在考虑家族控制和家族管理的同时，还要从纵向角度考虑企业的代际传承。国外学者（Ahlers 等，2014；Cater & Kidwell，2013）研究认为，继承是家族企业生命周期中最重要的过程之一，因为它对企业的战略、文化及其生存能力具有实质性影响。Miller 等（2003）在研究中指出，家族企业的最显著特征是家族内部存在关于企业的代际传承现象。很明显，基于家族企业的特征，表明家族企业遇到的最大问题就是传承问题。而且有研究结果表明，从第一代到第二代家族企业的"生存"率可能更高（Stamm & Lubinski，2011）。国内学者对家族企业的定义考虑了代际传承的并不多，这与我国 1978 年改革开放之后，民营家族企业才迅猛发展有关，第一代家族企业创始人还没有彻底退出舞台。

本章综合众多学者对家族企业的定义，结合我国家族企业发展较晚的特征，从家族控制和家族管理两个维度来定义家族企业：第一，实际控制人追溯到家族或自然人，实际控制人存在一致行动协议的，除非是家族成员之间的协议，否则不属于家族企业；第二，实际控制人的控制权大于 10%；第三，在家族董事会中存在两个或两个以上的家族成员。

4. 超额控制权的定义

超额控制权（excess control right）的概念是 Claessens 等（2000）率先提出的，他们认为，超额控制权是指最终控制人具有比其拥有的现金流权更多的实际控制权的程度，实质是控制者对企业的控制权与企业现金流权的分离。最终控制人可以凭借较少的公司现金流权获得对公司更大的控制权。La Porta（1999）提出（the weakest – link principle, WLP) 原则。他将实际控制人在股东大会层面的控制权定义为其每条控制链中的控制权之和,其中实际控制人在每条控制链中拥有的控制权为不同层级的持股比例的最小值。现金流权在某种程度上象征着股东的所有权,主要指的是按照一定的持股比例,持股人的最终分红权,也被称为现金流权,而现金流权的数值等于各个控制链条上的持股比例连乘。在终极控制权研究里,La Porta 等给出了现金流权和控制权的计算公式。

终极现金流权 = $\sum_{i=1}^{n}\prod_{j=1}^{m}O_{ij}$,其中,$i$ 表示总共 n 条控制链中的第 i 条控制链;j 表示在第 i 条控制链中的第 j 层级。

终极控制权 = $\sum_{i=1}^{n}\min(C_{i1},C_{i2},C_{i3},\cdots,C_{im})$,其中,$C_{i1}$,$C_{i2}$,$C_{i3}$,$\cdots$,$C_{im}$ 为第 i 条控制链各层级之间的控制权比例。

下面以晨曦航空(300581)公司控制链为例,如图 4-4 所示,公司董事长吴坚共通过两条股权控制链对晨曦航空进行控制,晨曦航空控制链拆分图如图 4-5 所示。

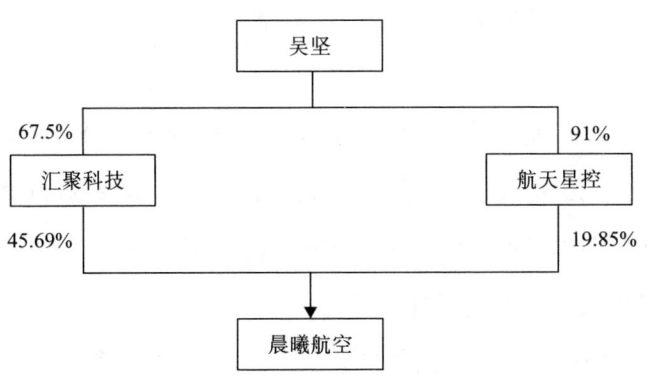

图 4-4 晨曦航空控制链

■ 非控股大股东对家族企业控制权的影响及财务后果研究

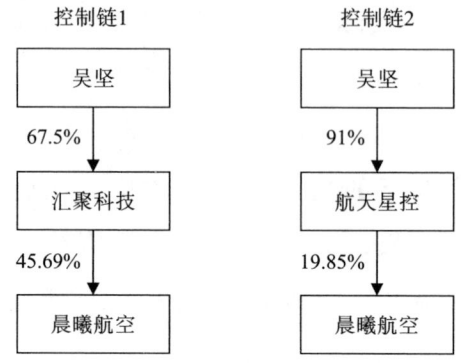

图 4-5 晨曦航空控制链拆分图

本书根据 La Porta 终极现金流权和终极控制权公式可计算得：

控制链 1：现金流权比例 $1 = 67.5\% \times 45.69\% = 30.84\%$

控制权比例 $1 = \min\{67.5\%, 45.69\%\} = 45.69\%$

控制链 2：现金流权比例 $2 = 91\% \times 19.85\% = 18.06\%$

控制权比例 $2 = \min\{91\%, 19.85\%\} = 19.85\%$

综上所述，吴坚对晨曦航空的终极现金流权比例 = 现金流权比例 1 + 现金流权比例 $2 = 48.9\%$；

吴坚对晨曦航空的终极控制权 = 控制权比例 1 + 控制权比例 $2 = 65.54\%$；

而吴坚对晨曦航空的超额控制权 $= 65.54\% - 48.69\% = 16.85\%$。通过计算可见，吴坚仅投入了晨曦航空总权益 48.9% 的资本，就获得了晨曦航空 65.54% 的投票权，从而对晨曦航空几乎达到了绝对控制，经营和决策都掌握在吴坚手中。

谷祺等（2006）认为目前在我国实现两权分离主要有三种方式：金字塔结构、交叉持股和双重股权。而吴坚家族采用的则是较为普遍的金字塔结构形成两权分离。

因此，在家族企业中，在股东大会层面上的超额控制特征最为明显。本书用家族上市公司的终极控制权减去现金流权的差额作为两权分离程度的衡量因素，称之为超额控制权，两者差值越大，则表示两权分离程度越大，超额控制越大。

4.1.3 研究思路、主要内容及研究方法

1. 研究思路

在研究背景和文献回顾的基础上，本书首先对家族企业控制权进行梳理，分析家族企业控制权目前存在的问题；其次对制度环境、风险投资与家族企业控制权之间的关系进行理论分析，观察在理论上是否存在某种相关性；最后从制度环境、风险投资两个角度对家族企业控制权的影响提出研究假设，并构建理论模型进行先行回归验证。

本章的实证部分是以中小板家族企业为研究对象，通过国泰安（CSMAR）数据库和公司年报等方式进行数据收集。接下来进行实证模型构建，首先运用线性回归分析验证风险投资对家族企业两权分离度产生的影响，其次在此基础上构建交互项加入模型中验证制度环境是否会对两者关系产生显著影响。同理，验证风险投资对家族企业超额控制权产生的影响，在此基础上构建交互项加入模型中验证制度环境是否会对两者关系产生影响。最后根据实证检验结果得出结论，并提出相关的管理建议。本章研究框架如图4-6所示。

2. 主要内容

本章基于国内外学者的研究成果，提出制度环境、风险投资如何影响家族企业控制权研究的一些想法，在此基础上，提出了本章的研究假设，并用2014—2018年中小板上市家族企业的财务数据进行实证分析。

■ 非控股大股东对家族企业控制权的影响及财务后果研究

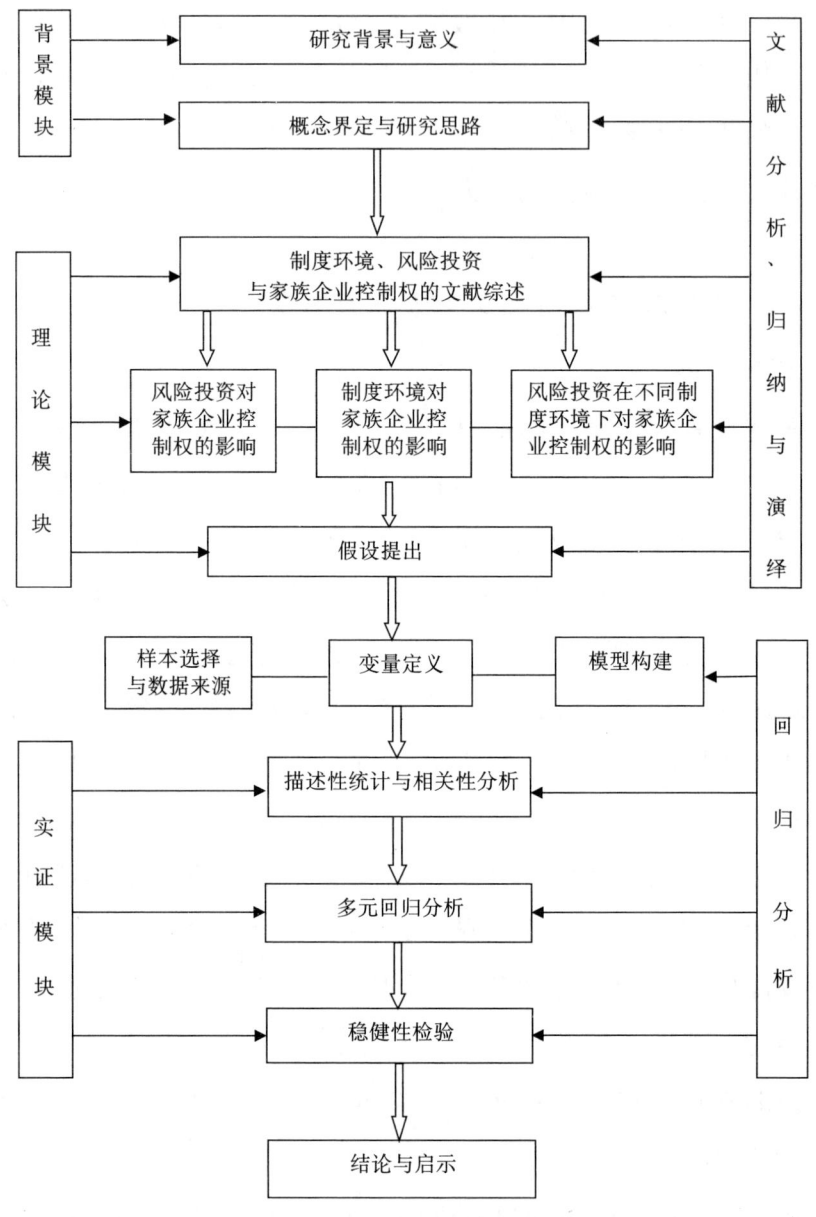

图 4-6 本章研究框架

文章安排如下：

第 1 节为引言。介绍制度环境、风险投资与家族企业控制权研究的背景与意义，以及介绍论文的框架结构和主要内容。

第 2 节为理论分析与研究假说。根据相关理论基础、文献梳理和理论推理，提出本章的研究假说。

第 3 节为研究设计。本章选取 2014—2018 年在我国中小板上市的家族企业作为研究样本。本章风险投资名单来自创业投资发展报告，有关超额控制权数据主要通过从上市公司招股说明书和国泰安数据库等资料中手工收集整理获得。根据文献选取变量，然后构建模型。

第 4 节为实证分析。通过描述性统计、相关性分析、回归分析和稳健性检验等来验证研究假说是否成立。

第 5 节为本章小结。根据实证检验结果得出结论，并提出实际性的建议与对策。

3. 研究方法

为了对研究对象展开研究并实现预期的研究目标，本书充分借鉴已有的理论成果，采用规范分析与实证分析相结合、定性分析与定量分析相结合的研究方法。

（1）文献法

通过文献检索、阅读和分析了解国内外对此主题的研究现状、研究方法、研究结论和研究不足，以此为基础，形成本书的研究思路、研究概念以及完成模型的设立。

（2）规范研究与实证研究相结合

影响家族企业和风险投资的因素错综复杂，本书从已有相关文献中提炼出命题逻辑框架，构建合理的回归模型。通过对国内外优质文献梳理与总结，提炼相关命题，研究在不同制度环境下，风险投资对家族企业控制权的影响和作用，主要使用 Stata 15.0 实证检验风险投资对家族企业控制权的影响以及制度环境的调节效应等。除了研究大部分文章所探讨的风险投资对家族企业控制权的影响,还加入了对制度环境的分析与研究。通过实证研究验证本书的计量模型与假设是否成立,从而得出相关结论,为现实提供政策建议。

4.2 理论分析与研究假说

4.2.1 风险投资对家族企业控制权的影响

Hellmann 和 Puri(2002)指出,风险投资会对所投资的企业进行一系列专业化的公司治理改革,如人力资源政策、股权激励等,他们发现引入风险投资的企业更容易从外部招聘首席执行官(CEO)。Kaplan 和 Stromberg(2003)同样发现风险投资会影响企业管理层的招募、聘任和解聘政策,可以约束管理层的私利行为,减少代理问题。公司代理问题的严重性在于管理者可能会将他们自己的偏好实施到公司的决策中,而不是以公司价值最大化以及监督活动的成本最小化为优先考虑,有着依赖于公司的所有权结构特征,而公司类型从根本上影响公司的所有权结构(陈德球等,2013)。家族企业的创始人是公司的大股东,其控制权和现金流权分离度较大,目的是未来以较少的现金获得较多的控制权,这样的一个现象会使创始人只注重个人利益而忽视股东利益。综上所述,当风险投资进入家族企业后,有强烈的动机对家族企业进行专业化的改革,进行一系列的"去家族化行为",真正实现控股家族的控制权和现金流权相互分离、相互制约,进而改善公司治理情况。

故有假设 H1a:相比于无风险投资背景的企业,引入风险投资的家族企业，控股家族的控制权和现金流权分离度越低。

从目前对家族企业控制权的研究来看，学术界多集中于通过金字塔结构实现对家族控制程度及其经济后果方面的研究（La Porta 等，1999；Bertrand 等，2002）。实际上，家族股东还可以通过其他多种途径对企业决策施加影响（Hart & Moore，1990），如发行双级股票，通过委派家族成员进入董事会。现有的家族控制权分析框架主要以股东大会的终极控制权和现金流权分离度作为主要内容，忽视了董事会层面的控制权。家族控制权不仅需要股东大会层面的控制权，而且也需要董事会层面的决策权。

由此提出假设 H1b：相比于无风险投资背景的企业，引入风险投资的家族企业，控股家族在董事会中的超额控制程度越低。

4.2.2 风险投资在不同制度环境下对家族企业控制权的影响

标志着风险投资诞生的是1946年美国研究与发展公司（ARD）的建立。风险投资从一开始的传统行业投资逐步转向以高新技术产业为主的投资，风险投资大大刺激了全球的高新技术发展速度。这些年来，风险投资刺激高科技成果转化成生产力的作用日益被许多发达国家认识到，所以这些国家纷纷制定了许多鼓励和优惠政策，促进本国风险投资的发展，使风险投资拥有了更加自由、更加宽松的制度环境，扩大了风险投资对于经济和高科技的影响力。如今，风险投资作为一种新兴的、灵活的投资方式，已经遍布所有发达国家、新兴工业化国家和地区以及部分发展中国家，可以说全球高科技产业的高速发展离不开风险投资的参与。

我国从计划经济向市场经济转轨的重要标志是1978年的分权化改

革，在中央授权的前提下，各地方人民政府开始推进本地的市场化进程，到目前为止，中国的市场化进程取得了很大的进展，但是区域之间的发展非常不均衡（Amit 等，2011）。家族企业作为在中国市场化进程中蓬勃发展起来的产物，其治理结构与其外部环境是密不可分的。为了适应不同地区的制度发展程度，家族企业会做很多相适应的调试，采用不同的控制权实现机制来应对外部环境的不确定性。在转型经济中，虽然市场机制发挥一定作用，但制度缺陷（如保护私有财产权）使家族企业在发展过程中面临着制度发展的约束，同时面临着很大的不确定性（Peng & Heath，1996；Johnson 等，2002）。在法律制度比较薄弱的地区，家族企业不仅面临被内部管理者转移资源的风险，同时还面临受政府干预的风险（North，1990），当家族企业主的私有财产受到侵害时，现有的立法体系和执法上无法提供相应的维权保障机制。因此，为了保持家族对企业的控制权及规避风险，家族控股股东有动机通过控制董事会席位和通过金字塔结构提高公司的控制权，为家族构建防范风险的隔离带。此时，拥有公司控制权不仅可以防御来自管理者的剥削，还能够通过其控制的资源对政府行为施加影响以降低受其剥削的风险，也可以通过政府的影响来侵占其他投资者的权益（Morck 等，2005），或者利用控股地位来侵占其他中小投资者的利益。

与此同时，为了保护和控制私有收益，家族股东可以通过任命更多的家族成员或者关联成员为公司董事，并且减少家族之外的股东委派的董事人数，控制董事会成员结构，使董事会失去独立性，沦为家族股东侵占中小股东利益的一个工具。因此，在较弱的法律保护环境下，家族控股股东"掏空"上市公司的动机增强，导致家族通过提高家族控股董事席位的比例来增强对董事会的控制。而风险投资具有监督作用，根据认证监督理论，风险投资与没有风险投资支持的公司相比增加了公司上市的可预见性，故风险投资支持的企业的 IPO 盈余管理程度更低（Ball & Shivakumar，2008）。Jain 和 Kini（1995）以北美地区的市场为研究对象，研究发现：在公司 IPO 前，有风险投资支持的企业经营现金流和经营业绩均低于无风险投资参与的企业。这表明风险投资在企业上市前起到了监督作用，减少了管理层进行盈余管理的可能性。风险投资进入家族企业可以促进家族企业的"去家族化"，同时可以降低家族企业的控制权。

据此，提出以下假设：

H2a：良好的制度环境有助于促进风险投资对控股家族控制权和现金流权分离度的降低作用。

H2b：良好的制度环境有助于促进风险投资对控股家族在董事会中超额控制程度的降低作用。

4.3 研究设计

4.3.1 样本选择及数据来源

本章选取中在小板上市的 560 家家族企业为样本，为进一步考察研究结论和稳健性，在第 5 章中会将样本扩充到在创业板上市的家族企业。本章研究样本期间为 2014 年 1 月 1 日—2018 年 12 月 31 日。

本章家族上市公司的定义结合苏启林（2003）、王明林（2010）等文献设定。家族企业样本的筛选依据为：

①实际控制人追溯到家族或自然人，实际控制人存在一致行动协议的，除非是家族成员之间的协议，否则不属于家族企业；

②实际控制人的控制权大于 10%；

③家族董事会中存在两个或两个以上的家族成员。

样本选取原则如下：

①选取于 2018 年 12 与 31 日前在中小板上市的企业；

②剔除间接创办的家族企业（公司上市时是国家控股或非自然人/家族控股，后来由于股权转让、改制等由家族企业控股）；

③剔除金融保险行业上市公司，因为金融行业经营业务、财务表现、资本结构具有特殊性，有别于一般行业，代表性不强。

④剔除 ST、*ST 类上市公司；

⑤剔除家族相关数据、财务数据缺失的企业；

⑥剔除处于 1%—99% 分位数以外的异常值。

本章根据以上概念界定与筛选，共选取在中小板上市的符合要求的家族企业 560 家。相关家族企业数据主要来源于国泰安数据库，风险投资数据来源于清科私募通数据库，结合 IPO 招股说明书以及各大财经网站收集整理。

4.3.2 变量的选择及设计

1. 被解释变量

本章的被解释变量为家族企业的控制权与现金流权分离度、控股家族在董事会中的超额控制权。

家族企业的控制权与现金流权分离度（EC）。控制权是指最大控股股东控制的投票权比例，该比例等于所有控制链投票权最大值指和。现金流权是指对于存在终极控制股东的公司，其最大控制股东所拥有的最终所有权权益，公司的最终所有权等于通过上市公司所有的每条控制链所有权益乘积之和。例如：假设一个股东拥有公司 A x% 的所有权权益，A 又拥有上市公司 B y% 的权益，而该股东还直接拥有 B 公司 z% 的权益。那么，该股东就拥有 B 公司（x% · y% + z%）的现金流权。控制权是指最大控制股东控制的投票权比例，该比例等于所有的每条控制链投票权最小值之和。例如在上面例子中，该股东在 B 公司的控制权等于 x% 和 y% 的最小值加上 z%。一般来说，实际控制人的控制权是大于等于现金流权的。

控股家族在董事会中的超额控制权（EBC）。EBC 的概念是由 Claessens 等（2000）首先提出的，他们认为超额控制权是指实际控制人拥有的控制权超出其拥有的现金流权的程度。然而，Claessens 等（2000）所研究的超额控制权是基于股东大会层面的超额控制权，即剩余控制权超出了对应现金流权的程度。实际控制人拥有的控制权包括股东大会控制权、董事会控制权和经理层控制权（于瑶，2017；陈德球，2013）。因此，相应地，实际控制人拥有的超额控制权也包括股东大会超额控制权、董事会超额控制权和经理层超额控制权。本书仅对董事会超额控制权作出界定，主要有以下原因：其一，现有研究都以虚拟变量测度经理层控制权，这导致截至目前尚无可供借鉴的经理层超额控制权测度指标；其二，实际控制人享有对股东大会的超额控制权并不一定形成对董事会的超额控制权，反之亦然（瞿宝忠，2003）。因此，本书前面所述的家族企业控制权和现金流权的分离度是指股东大会层面的超额控制权。董事会超额控制权是指股东拥有的决策控制权超出其拥有的现金流权的程度。

2. 解释变量

本书的解释变量为制度环境、风险投资以及制度环境和风险投资的交互项。

制度环境（INS）。本书选取樊纲（2015）的中国市场化指数来衡量制度环境，该指数被国内学者广泛用于度量地区市场化进程（夏立军等，2005）。

风险投资（VC）。本书参考吴超鹏等（2002）的方法，本书中的"风险投资公司"包括以下两大类：第一类是中国科学技术促进发展研究中心创业投资研究所编制的 2011—2016 年度《中国创业投资发展报告》中收录的风险投资公司；第二类是在第一类中的报告未收录，但名称中含有"风险投资""创业投资""创业资本投资"，或通过网络搜索发现该公司的主营业务包括"风险投资"或"创业投资"。按照上述标准，有风险投资背景的家族上市公司为 1。

3. 控制变量

本章在充分参考和借鉴现有相关研究的基础上，选择了以下几个控制变量。

企业规模（lnsize）。陈德球（2013）等研究表明，风险投资可以改善家族企业治理问题。本章沿用以上学者们的普遍做法，取企业总资产的自然对数值来衡量企业的规模。

资产负债率（Lev）。资产负债率是反映企业长期偿债能力的一个指标。该指标越小，说明企业的偿债能力越强。研究结果还显示企业的负债越多，家族企业的控制权越集中。因此，本书认为资本结构与家族企业的控制权密切相关（庞仙君，2004），将其作为本章的一个控制变量。

资产报酬率（ROA）。公司资产报酬率用来衡量企业的盈利能力。企业盈利能力强，那么就会分配更多的股权，因此投资者偏好投资高盈利企业。但是，高盈利企业资金比较充裕，就增加了控股股东侵害中小股东利益的机会。因此,将公司资产报酬率作为控制变量。

为了更好地进行研究,除了上述控制变量外,本章还在研究模型中加入其他控制变量。实际控制人年龄(Age)、性别(Sex)、实际控制人的受教育程度($Backg$)、政治关联度($Policy$)、家族成员占董监高年薪比例($Salary$)以及家族成员在董事会中所占的比例($Chairate$)等因素都会影响家族企业的控制权。因此,为了减少研究的不确定性,将这些变量都加以控制,确保研究结果的正确性。这些变量数据均来自国泰安数据库。有关各变量的定义及计算,详见表4-1。

表4-1　　　　　　　　　变量的定义及计算方法

变量类型	变量名称	变量代码	变量计算方法
被解释变量	控制权和现金流权分离度	EC	家族实际控制人控制权-家族实际控制人现金流权
	董事会超额控制权	EBC	(来自实际控制人的董事人数÷董事会规模)-现金流权
解释变量	风险投资	VC	有风险投资背景为1,否则为0
	制度环境	INS	用中国市场化指数
控制变量	年龄	Age	实际控制人年龄
	性别	Sex	男性为1,女性为0
	受教育程度	Backg	实际控制人的受教育程度
	政治关联度	Policy	董事长或CEO有在人民代表大会或中国人民政治协商会议任职
	家族成员占董监高年薪比例	Salary	家族成员领取的薪酬总额占董监高年薪总额比例
	董事会家族成员占比	Chairate	董事会中家族成员占比
	企业规模	lnsize	期末总资产的自然对数
	资产负债率	Lev	年末负债总额÷年末资产总额
	资产报酬率	ROA	(利润总额+利息支出)÷平均资产

4.3.3 实证模型构建

在前文的相关理论和研究假设提出的基础上,本章构建了以下实证模型来研究风险投资对控制权和超额控制权的影响。

首先,为验证研究假设,本章构建了模型(4-1)、模型(4-2)来实证研究风险投资对控制权和超额控制权的影响。

$$EC = \beta_0 + \beta_1 VC + \beta_2 INS + \beta_3 INSVC + \beta_4 Control + \varepsilon \quad (4-1)$$

$$EBC = \beta_0 + \beta_1 VC + \beta_2 INS + \beta_3 INSVC + \beta_4 Control + \varepsilon \quad (4-2)$$

4.4 实证分析

在实证分析中,首先,本章通过描述性统计,初步确定风险投资对控制权和超额控制权的影响变量的均值、标准差以及最值情况。其次,利用 Pearson 相关系数对实证模型进行了多重共线性检验。再次,利用回归模型对相关变量进行回归分析。最后,为了提高实证结果的可靠程度,进行了稳健性检验。

4.4.1 描述性统计

对所选的中小板家族企业的各个变量进行 Winsorize 数据处理。如表 4-2 所示,在我国中小板上市的公司中,控制权和现金流权分离度的均值是 11.21,最大值为 37.56,最小值为 0,标准差为 7.840。这反映了我国家族企业整体的控制权和现金流权分离度存在较大的差距,说明家族企业的控制权高,且企业之间的差距较为明显。这一结论和陈德球等(2001)的研究结论相一致,同时和目前的现实情况也吻合。因此，应该加大不同地区的法律力度，同时利用市场这一无形的手来监督家族企业通过金字塔结构来掏空中小企业的行为。

表 4-2　　回归变量的描述性统计结果

变量	均值	标准差	最小值	最大值
EBC	-32.05	16.82	-83.53	0.680
EC	11.21	7.840	0	37.56
VC	0.470	0.510	0	2
INS	8.510	1.490	0	12
Age	54.09	8.790	27	78
Sex	1.180	0.380	1	2
Backg	3.090	1.030	1	6
Chairate	0.250	0.110	0.080	0.560
Salary	0.260	0.140	0.040	0.690
Policy	0.390	0.490	0	1
Lev	0.370	0.180	0	0.800
lnsize	21.86	0.840	20.03	24.63
ROA	0.0500	0.0500	-0.220	0.240

董事会超额控制权的均值是-32.05，最大值为0.680，最小值为-83.53，标准差为16.82。该数据表明家族企业的控股股东不是通过操纵董事会来侵占中小股东利益的。这一结论与实际情况相符。近年来，中国证券监督管理委员会加强对公司独立董事制度的监管，要求上市公司的董事会至少有三分之一为独立董事，同时与公司有关联关系的不得担任独立董事。由此，家族控股股东想操纵公司董事会变得异常困难，降低了中小股东被侵害的利益。但是，在实际情况中，广大中小股东很少参与公司日常经营事务的管理，尽管有股东大会制度，

但是绝大部分中小股东都不出席股东大会甚至不关心股东大会决议事项。这就给了家族控股股东操纵公司利益的可能性，降低了独立董事对公司的监管作用。通过各个变量进行 winsorize 数据处理后，变量基本不存在着极端值和异常值，可以进行回归分析。

在表4-3中，本书进一步将样本公司进行分组比较，分组标准为其是否有风险投资背景。首先，对比两类公司的家族控制权变化，发现有12.9%的有风险投资背景的家族企业在引入风险投资后失去绝对控制权，只有3%的无风险投资背景的家族企业在IPO前三年内失去绝对控制权。此外，在引入风险投资后，家族控制权和现金流权分别下降10.1%和10.3%，控制权与现金流权的分离程度下降0.2%，家族成员的持股比例下降8.6%；对比而言，对于未引入风险投资的家族企业，其控制权和现金流权仅下降2.3%和3.9%，控制权与现金流权的分离程度反而上升0.6%，家族成员的持股比例仅下降2.2%，这两组比例的差异在统计上都是显著的。单变量对比分析结果表明，家族企业在引入风险投资后，更可能让家族成员退出控制权，与研究假设相符。当然，还须进一步通过多元回归分析控制其他影响因素，才能得到更加可靠的实证证据。最后，从家族企业的特征看，引入风险投资的家族企业创始人的教育水平较高，而企业年限则显著短于无风险投资背景的家族企业。

表4-3 有风险投资背景家族企业与无风险投资背景家族企业的对比分析

对比项目	变量	有风险投资背景		无风险投资背景	
		均值	标准差	均值	标准差
控制权变化	家族控制权的变化	-10.1%	0.236	-2.3%	0.363
	家族现金流权的变化	-10.3%	0.236	-3.9%	0.23
	EC 变化	-0.2%	0.38	0.6%	0.042

续表

对比项目	变量	有风险投资背景		无风险投资背景	
		均值	标准差	均值	标准差
公司特征	Policy	0.514	0.501	0.564	0.497
	Backg	0.633	0.483	0.543	0.499
	Lev	0.533	0.16	0.55	0.158
	ROA	0.127	0.084	0.126	0.073
	lnsize	19.326	0.858	19.437	0.904

4.4.2 相关性分析

1. Pearson 检验

从表 4-4 中各变量的相关性检验结果可以看出，被解释变量控制权和现金流权分离度与解释变量、特征变量和控制变量之间存在着显著的相关关系，且在 10% 显著性水平上通过显著性检验。风险投资变量与控制权和现金流权分离度之间存在负相关，符合本书假设。

2. 多重共线性检验

本章部分解释变量比如资产报酬率会影响风险投资对所投资企业的选择，这些变量之间可能会存在多重共线性，在一定程度上影响本章实证模型的结果。因此，为排除多重共线性的影响，本章对相关变量进行了多重共线性检验，如表 4-5 所示。从表中可以看出方差膨胀因子个值最高为 1.82，未超过 10，均值最高为 1.36，均在可容忍的范围内。

表 4-4 变量 Pearson 相关系数矩阵

—	EC	VC	Age	Sex	Backg	Chairate	Salary	Policy	Lev	Size	ROA
EC	1	—	—	—	—	—	—	—	—	—	—
VC	-0.1041*	1	—	—	—	—	—	—	—	—	—
Age	0.1488*	-0.0754	1	—	—	—	—	—	—	—	—
Sex	-0.1372*	-0.0439	0.2139*	1	—	—	—	—	—	—	—
Backg	-0.0586*	0.0575	0.1127*	0.0883*	1	—	—	—	—	—	—
Chairate	-0.0669*	0.00650	0.00910	0.00540	0.0425	1	—	—	—	—	—
Salary	-0.0256	0.0139	0.0634	0.1130*	-0.0181	0.6360*	1	—	—	—	—
Policy	0.0643*	0.0417	0.00850	0.1796*	-0.0383	0.0109	0.0195	1	—	—	—
Lev	0.0617*	0.1026*	-0.0769	-0.0776	0.0719	-0.0802	-0.1478*	0.1449*	1	—	—
Size	0.0226	0.0091	0.0049	-0.0280	0.1255*	0.1148*	-0.0612	0.0517	0.4028*	1	—
ROA	0.0998*	0.0610	-0.0136	0.0588	0.0899*	-0.0738	-0.0367	-0.0959*	0.3430*	0.0315	1

注：* 代表变量系数在 10% 水平下显著。

表 4-5　　　　　　　　　　多重共线性检验

变量	模型一 VIF	模型二 VIF	模型三 VIF	模型四 VIF
VC	—	1.03	—	1.03
INS	—	—	1.13	1.14
Salary	1.79	1.79	1.82	1.82
Chairate	1.74	1.74	1.78	1.78
Lev	1.61	1.63	1.62	1.64
lnsize	1.30	1.30	1.29	1.38
ROA	1.30	1.30	1.14	1.29
Sex	1.12	1.13	1.14	1.15
Age	1.08	1.00	1.13	1.14
Policy	1.07	1.06	1.13	1.14
Backg	1.06	1.03	1.11	1.03
mean VIF	1.35	1.32	1.36	1.34

4.4.3　回归分析

表 4-6 列示了风险投资对控制权和现金流权分离度的回归结果。从列（1）和（2）对比的结果可以看出，当风险投资加入后，会对控制权和现金流权分离度产生下降趋势。因为风险投资的系数为 -1.539，且在 5% 统计水平上显著；研究结论初步验证了本章假设 H1a，风险投资会降低两权分离度。

表 4-6　　　　　风险投资对控制权和现金流权分离度回归结果

—	(1) M1 EC	(2) M2 EC
VC	—	-1.539**
	—	(-2.42)

续表

—	(1)	(2)
	M1	M2
Age	0.122***	0.120***
	(3.20)	(3.14)
Sex	-2.022**	-2.104**
	(-2.25)	(-2.35)
Backg	-0.337	-0.216
	(-1.04)	(-0.67)
Chairate	-5.605	-5.620
	(-1.39)	(-1.41)
Salary	2.077	2.113
	(0.70)	(0.71)
Policy	0.558	0.715
	(0.82)	(1.06)
Lev	4.597**	3.784*
	(2.01)	(1.66)
lnsize	-0.517	-0.470
	(-1.18)	(-1.08)
ROA	29.78***	29.57***
	(3.85)	(3.85)
Constant	18.78*	18.54*
	(1.94)	(1.93)
IND	控制	控制
Year	控制	控制
Observations	560	559
R-squared	0.073	0.083

注：*代表变量系数在10%水平下显著；**代表变量系数在5%水平下显著；***代表系数在1%水平下显著；系数下方数字为 t 值。

以上运用混合最小二乘法得到的回归结果，在面板数据中由于存在个体效应，混合最小二乘法可能存在分析偏差，为了更好地检验风险投资对控制权和现金流权分离度的作用，以下采用随机效应的模型。因为通过 Hausman 检验，检验结果为 0.3374，该数据适合用随机效应模型。

为了消除数据异方差的影响，在进行回归时均进行了 robust 处理。从表 4-7 中可以得出，假设 H1a 成立：相比于无风险投资背景的家族企业，在引入风险投资的家族企业中，控股家族的控制权和现金流权分离度越低。通过比较模型 4-1 和模型 4-2，可以看出加入风险投资变量后，控股家族的控制权和现金流权分离度变低了，系数为 -0.883，并且通过 10% 水平显著性检验。同时，其他变量也对控制权和现金流权分离度产生影响。

表 4-7　　　风险投资对控制权和现金流权分离度回归结果

—	(1)	(2)
	M3	M4
Variable	EC	EC
VC	—	-0.883*
	—	(-1.76)
Age	0.0914*	0.0911*
	(1.88)	(1.88)
Sex	-1.778*	-1.896*
	(-1.74)	(-1.86)
Backg	-0.216	-0.147
	(-0.50)	(-0.34)
Chairate	-4.477	-4.384
	(-0.88)	(-0.86)
Salary	0.585	0.630
	(0.14)	(0.16)
Policy	1.296*	1.351*
	(1.86)	(1.94)

续表

—	(1)	(2)
	M3	M4
Lev	6.365***	5.694**
	(2.67)	(2.38)
lnsize	0.0479	0.0889
	(0.12)	(0.23)
ROA	22.72***	22.68***
	(3.12)	(3.13)
Constant	5.836	5.473
	(0.66)	(0.62)
IND	控制	控制
Year	控制	控制
Observations	560	559
Number of stock	112	112

注：* 代表变量系数在10%水平下显著；** 代表变量系数在5%水平下显著；*** 代表系数在1%水平下显著；系数下方数字为 t 值。

①实际控制人年龄与控制权和现金流权分离度的回归结果分析。实际控制人年龄与控制权和现金流权分离度正相关，通过10%水平显著性检验，系数为0.0911。说明在我国家族企业上市公司中实际控制人的年龄越大，企业的控制权和现金流权分离度越高。即与年龄较低的实际控制人比较，年长的实际控制人更容易造成控制权和现金流权分离度的增加。这启示在我国家族企业上市公司实际控制人队伍中，应加强年龄限制，这样可以降低控制权和现金流权分离度。

②实际控制人性别与控制权和现金流权分离度的回归结果分析。实际控制人性别与控制权和现金流权分离度负相关，通过10%水平显著性检验，系数为 -1.896。表明实际控制人为男性时，企业的控制权和现金流权分离度更低。

③政治关联度与控制权和现金流权分离度的回归结果分析。政治关联度与控制权和现金流权分离度正相关,通过10%水平显著性检验,系数为1.351。表明企业与政府关系越好,控制权和现金流权分离度越高。即对于家族企业来说,有较好的政治关联更容易对股权进行控制。

④资产负债率与控制权和现金流权分离度的回归结果分析。资产负债率与控制权和现金流权分离度正相关,通过5%水平显著性检验,系数为5.694。表明资产负债率越高,控制权和现金流权分离度越高。

⑤资产报酬率与控制权和现金流权分离度的回归结果分析。资产报酬率与控制权和现金流权分离度正相关,通过1%水平显著性检验,系数为22.68。表明资产报酬率越高,控制权和现金流权分离度越高。对于家族企业来说,可以通过减少资产报酬率降低控制权和现金流权分离度。

当董事会超额控制权作为被解释变量时,同样通过LM检验和Hausman检验发现,使用固定效应模型更合理,回归结果如表4-8所示。

表4-8　　　　　　　董事会超额控制权的回归结果

Variable	(1) M5 EBC	(2) M6 EBC
VC	—	-0.0274*
	—	(-1.75)
Age	-0.790**	-0.783**
	(-2.50)	(-2.48)
Sex	-0.276***	-0.278***
	(-2.89)	(-2.90)

续表

—	(1)	(2)
	M5	M6
Backg	−0.0653*	−0.0659*
	(−1.83)	(−1.85)
Chairate	−0.362	−0.360
	(−0.64)	(−0.63)
Salary	0.497	0.496
	(0.63)	(0.63)
Policy	−0.0643	−0.0652
	(−1.11)	(−1.13)
Lev	0.162	0.167
	(0.76)	(0.79)
ln*size*	−4.601***	−4.637***
	(−7.20)	(−7.15)
ROA	3.050***	3.042***
	(3.79)	(3.78)
Constant	21.05***	21.12***
	(10.02)	(9.96)
IND	控制	控制
Year	控制	控制
Observations	1246	1245
R-squared	0.142	0.142
Number of stock	250	250

注：* 代表变量系数在10%水平下显著；** 代表变量系数在5%水平下显著；*** 代表系数在1%水平下显著；系数下方数字为 t 值。

从表4-8的回归表中可以得出，假设H1b成立：相比于无风险投资背景的企业，引入风险投资的家族企业，董事会超额控制权会降低。可以看出，加入风险投资变量后，董事会超额控制权变低了，系数为−0.0274，通过10%水平显著性检验。这意味着在风险投资后，董事会超额控制权降低0.0274。同时，其他变量也对董事会超额控制权产生影响。

①实际控制人年龄与控制权和董事会超额控制权的回归结果分析。实际控制人年龄与控制权和现金流权分离度负相关，通过5%水平显著性检验，系数为-0.783。在我国家族企业中，如果实际控制人的年龄较小时，家族在董事会中的超额控制权会降低。年轻的家族创始人更加看重公司利益，而不是只注重个人利益。

②实际控制人性别与董事会超额控制权的回归结果分析。实际控制人性别与董事会超额控制权负相关，通过1%水平显著性检验，系数为-0.278。表明家族企业的实际控制人为男性时，家族在董事会中的超额控制权会降低。

③教育背景与董事会超额控制权的回归结果分析。教育背景与董事会超额控制权负相关，通过10%水平显著性检验，系数为-0.0659。这表明有着良好教育的实际控制人会降低家族在董事会中的超额控制权。因为家族企业的接班人一般会接受国外教育比较多，在国外理论中，家族企业对于董事会超额控制权的欲望不大，间接影响家族企业的董事会超额控制权。

④企业规模与董事会超额控制权的回归结果分析。企业规模和董事会超额控制权呈负相关，通过1%水平显著性检验，系数为-4.637。这表明企业规模越大，家族在董事会中的超额控制权越低。这一回归结果符合现实情况，规模小的企业，一般都是由家族成员管理日常经营事务，可能企业的大部分员工也是家族成员。此时，家族在董事会中的超额控制权程度就高。

⑤资产报酬率与控制权和董事会超额控制权的回归结果分析。资产报酬率与控制权和现金流权分离度正相关，通过1%水平显著性检

验,系数为 3.042。表明资产报酬率越高,控制权和现金流权分离度也会越高。对于家族企业来说,可以通过提高资产报酬率,增加董事会超额控制权。

接下来,分析制度环境对家族企业两权分离度的作用。从以往文献得出制度环境与家族企业两权分离度是负相关的结论。本章采用市场化指数来衡量制度环境,从回归结果可以发现制度环境和家族企业两权分离的系数是 -22.21%,并通过 5% 水平显著性检验。但本章的重点在于,在风险投资下,制度环境对家族企业两权分离度的作用。表 4-9 可以得出制度环境与控制权和现金流权分离度的回归结果分析。制度环境与控制权和现金流权分离度负相关,通过 1% 水平显著性检验,系数为 -17.23%。与未加入风险投资相比,两权分离度减少,但负相关的关系却没有变。根据回归结果可以说明假设 H2a 成立。因此,制度环境对家族企业的控制权有着十分重要的影响,并且会影响风险投资进入家族企业所起到的作用。

表 4-9　　在制度背景下控制权和现金流权分离度的回归结果

—	(1)	(2)
	M7	M8
Variable	EC	EC
VC	—	-0.351*
	—	(-1.81)
INS	-22.21**	-17.23***
	(-2.37)	(-2.81)
Age	2.846	1.661
	(0.47)	(0.28)
Sex	7.179***	7.254***
	(3.10)	(3.18)

续表

—	(1)	(2)
	M7	M8
Backg	-10.47*	-10.55*
	(-1.93)	(-1.95)
Chairate	10.26	10.36
	(0.97)	(0.99)
Salary	-18.96*	-20.08*
	(-1.80)	(-1.92)
Policy	0.831	1.184
	(0.68)	(1.02)
Lev	8.293**	7.263**
	(2.47)	(2.15)
lnsize	9.412	8.365
	(0.78)	(0.73)
ROA	23.42*	23.35*
	(1.84)	(1.88)
Constant	-51.44	-32.41
	(-1.01)	(-0.81)
IND	控制	控制
Year	控制	控制
Observations	448	447
R-squared	0.116	0.115
Number of stock	112	112

注：* 代表变量系数在10%水平下显著；** 代表变量系数在5%水平下显著；*** 代表系数在1%水平下显著；系数下方数字为 t 值。

在制度环境良好的情况下，如果实际控制人为女性时，控制权和现金流权分离度会降低。这一回归结果和现实情况也十分地相吻合。由于女性一般不是风险的偏好者，不愿意冒很大的风险去做一些违规的事情。尤其是在制度环境良好的情况下，法律对于投资者的保护程度较高,家族创始人通过交叉持股、金字塔控股结构等行为侵占中小股东要付出较大的代价。因此,女性实际控制人不会冒着风险去额外增加对企业的控制权。当实际控制人为女性时,相比于无制度环境制约下,风险投资对控制权和现金流权分离度的回归结果的系数方向不同。这说明市场化越发达的地方,女性能力体现越大。

接下来,分析制度环境对家族企业在董事会中超额控制程度的作用。从表4-10中可以看出制度环境与家族企业在董事会中超额控制程度符合以往文献的假设,系数为-1.802,未通过水平显著性检验。但是本章的重点在于,在风险投资下,制度环境对家族企业在董事会中超额控制程度的作用。由此,通过实证得出环境制度与控制权和现金流权分离度的回归结果分析。制度环境与控制权和现金流权分离度负相关,通过1%水平显著性检验,系数为-12.86,比未加入风险投资小,但负相关的关系依然没有变。风险投资与控制权和现金流权分离度依然保持负相关的关系,且通过5%水平显著性检验。假设H2b成立,说明在我国家族企业上市公司中在加入风险投资后,制度环境对家族企业在董事会中超额控制程度也是一个非常重要的影响因素。

表4-10 在制度背景下董事会超额控制权的回归结果

—	(1)	(2)
	M9	M10
Variable	EBC	EBC
VC	—	-0.0695**
	—	(-2.08)
INS	-1.802	-12.86***
	(-1.15)	(-11.59)
Age	9.641	-8.695
	(1.17)	(-1.02)

续表

—	(1)	(2)
	M9	M10
Sex	-3.388	-4.927
	(-1.07)	(-1.46)
Backg	-10.54	-10.77
	(-0.94)	(-0.89)
Chairate	-11.98	-15.41
	(-0.75)	(-0.91)
Salary	-17.70	-21.70
	(-1.30)	(-1.49)
Policy	-2.079	-0.352
	(-1.24)	(-0.20)
Lev	7.267	4.784
	(1.63)	(1.00)
ln*size*	-4.708	-37.63**
	(-0.28)	(-2.19)
ROA	7.768	6.826
	(0.47)	(0.38)
Constant	74.51	340.8***
	(1.05)	(4.99)
IND	控制	控制
Year	控制	控制
Observations	1000	999
R-squared	0.382	0.285
Number of stock	250	250

注：** 代表变量系数在5%水平下显著；*** 代表系数在1%水平下显著；系数下方数字为 t 值。

为了更好地研究制度环境带来的机制效应，本书进行交互项验证。分别求控制权和现金流权分离度和董事会超额控制权进行风险投资的偏效应。

$$\frac{\partial EC}{\partial VC} = \beta_1 + \beta_3 INS \qquad (4-3)$$

$$\frac{\partial EBC}{\partial VC} = \beta_1 + \beta_3 INS \qquad (4-4)$$

从表 4-11 回归分析可以看出，加入交互项后，主效应没有发生很大变化，解释变量的系数为负，没有发生变化，并且都通过显著性检验。接下来讨论在交互项情况下，交互效应是怎样的？从公式（4-3）、公式（4-4）中可以看出 β_1 与 β_3 均都为负数，则风险投资对控制权和现金流权分离度和董事会超额控制权的偏效应为负。其中，在风险投资对控制权和现金流权分离度的偏效应中，β_1 系数为 -0.351，并通过 10% 水平显著性检验。β_3 系数为 -0.987，并通过 10% 水平显著性检验。在董事会超额控制权的偏效应中，β_1 系数为 -0.0695，并通过 5% 水平显著性检验。β_3 系数为 -1.093，并通过 10% 水平显著性检验。实证结果表明，良好的制度环境有助于促进风险投资对控股家族控制权和现金流权分离度的降低作用，同理良好的制度环境也有助于促进风险投资对控股家族在董事会中超额控制程度的降低作用。从而验证了假设 H2a 和假设 H2b 的成立。

表 4-11　　　　　　　　　　交互项的回归结果

—	(1)	(2)
	M11	M12
Variable	EC	EBC
VC	-0.351*	-0.0695**
	(-1.81)	(-2.08)
INS	-17.23***	-12.86***
	(-2.81)	(-11.59)

续表

—	(1)	(2)
	M11	M12
INS_VC	-0.987*	-1.093*
	(-1.65)	(-1.69)
Age	1.661	-8.695
	(0.28)	(-1.02)
Sex	7.254***	-4.927
	(3.18)	(-1.46)
Backg	-10.55*	-10.77
	(-1.95)	(-0.89)
Chairate	10.36	-15.41
	(0.99)	(-0.91)
Salary	-20.08*	-21.70
	(-1.92)	(-1.49)
Policy	1.184	-0.352
	(1.02)	(-0.20)
Lev	7.263**	4.784
	(2.15)	(1.00)
ln*size*	8.365	-37.63**
	(0.73)	(-2.19)
ROA	23.35*	6.826
	(1.88)	(0.38)
Constant	-32.41	340.8***
	(-0.81)	(4.99)
IND	控制	控制
Year	控制	控制
Observations	1000	999
R-squared	0.382	0.285
Number of stock	250	250

注：*代表变量系数在10%水平下显著；**代表变量系数在5%水平下显著；***代表系数在1%水平下显著；系数下方数字为 *t* 值。

4.4.4 稳健性检验

为了考察本章研究结果的稳定性，本章用法律作为制度环境的替代变量再次进行检验。法律具有强制性，是社会生活的基本规范，是人们的行为准则。所以一国法律制度的完善程度是一国综合实力的重要方面。而制度环境是法律执行和制定的结果，所以本书用法律来作为制度环境的替代变量。但是，法律的衡量也比较困难，所以本章借鉴 Wellons（1999）的研究，使用法律诉讼和法律内容质量的代理变量衡量法律制度。

由于风险投资进行项目投资时，在被投资企业的持股比例是不同的，而持股比例的大小可以影响在被投资企业的表决权，因此为了考察本章研究结果的稳定性，本章用风险投资持股比例作为有无风险投资的替代变量再次进行检验。分别通过对被解释变量（控制权和现金流权分离度、董事会超额控制权）检验发现，与原来的结果相比未发生实质性变化，检验结果如表 4-12、表 4-13 所示。

表 4-12　　　　　　　　　　稳定性回归结果

—	(1)	(2)	(3)
	M13	M14	M15
Variable	EC	EC	EC
Law	—	-0.278*	-0.213**
	—	(-1.76)	(-2.16)
VCrate	-1.802*	-9.861***	-7.453*
	(-1.78)	(-10.81)	(-1.81)
Law_VCrate	—	—	-0.985*
	—	—	(-1.76)

续表

—	(1)	(2)	(3)
	M13	M14	M15
Age	3.988*	3.970*	4.130*
	(1.66)	(1.66)	(1.66)
Sex	1.719*	1.838*	1.838*
	(1.70)	(1.82)	(1.82)
Backg	-0.218	-0.149	-1.112
	(-0.50)	(-0.35)	(-0.35)
Chairate	-4.719	-4.625	-4.875
	(-0.92)	(-0.90)	(-0.90)
Salary	0.731	0.785	0.735
	(0.18)	(0.19)	(0.19)
Policy	1.344*	1.398**	1.198**
	(1.94)	(2.03)	(2.13)
Lev	6.069**	5.414**	3.768**
	(2.56)	(2.28)	(2.34)
lnsize	1.617	2.540	1.540
	(0.19)	(0.29)	(0.29)
ROA	23.76***	23.88***	23.76***
	(2.95)	(2.98)	(2.98)
Constant	-12.49	-15.00	-13.039
	(-0.46)	(-0.56)	(-0.76)
Observations	560	559	559
Number of stock	112	112	112

注：*代表变量系数在10%水平下显著；**代表变量系数在5%水平下显著；***代表系数在1%水平下显著；系数下方数字为 t 值。

表 4-13　　　　　　　　稳定性回归结果

—	(1)	(2)	(3)
	M16	M17	M18
Variable	EBC	EBC	EBC
Law	-0.308*	-0.358**	-0.278**
	(-1.76)	(-2.16)	(-2.06)
VCrate	—	-1.872***	-1.115***
	—	(3.76)	(3.97)
Law_VCrate	—	—	-3.816***
	—	—	(-10.81)
Age	1.455*	1.970*	1.650*
	(1.66)	(1.66)	(1.65)
Sex	0.745*	0.858*	0.818*
	(1.70)	(1.82)	(1.76)
Backg	1.218	1.149	1.190
	(0.50)	(-0.35)	(-0.75)
Chairate	-1.974	-1.925	-1.125
	(-0.92)	(-0.90)	(-0.96)
Salary	0.512	0.568	0.238
	(0.18)	(0.19)	(0.67)
Policy	2.344*	2.398**	1.398*
	(1.94)	(2.03)	(1.76)
Lev	5.069**	5.685**	6.645**
	(2.56)	(2.28)	(2.38)
lnsize	2.417	2.540	3.670
	(0.19)	(0.29)	(0.45)
ROA	21.88***	22.76***	20.19***
	(2.95)	(2.98)	(3.98)
Constant	-15.49**	-11.00**	-9.94**
	(-2.46)	(-2.56)	(-2.66)
Observations	560	559	559
Number of stock	112	112	112

注：* 代表变量系数在 10% 水平下显著；** 代表变量系数在 5% 水平下显著；*** 代表系数在 1% 水平下显著；系数下方数字为 t 值。

从表 4-12 和表 4-13 中可以看出，替换变量后，制度环境对有风险投资的家族企业起到降低控制权和现金流权分离度、降低董事会超额控制权的作用。通过法律制度和持股比例的交互项也可以得出制度环境越好，家族企业的控制权和现金流权分离度越低的结果。同时，家族企业的董事会超额控制权也会变低。通过稳定性检验，说明原有模型的计量结果是稳健的。

4.5 本章小结

4.5.1 研究结论

长期以来，家族企业控制权一直是研究的热点。从理论上看，家族企业实际控制人会通过隧道效应来侵害中小股东和公司利益，但是他们也会实施支持行为，使中小股东和公司受益。这主要取决于家族企业自身的利益倾向，从实践来看也是如此。那么如何更好地保障公司和中小股东利益，使公司和中小股东利益不随着家族企业利益的变化而改变。本书通过研究，发现引入风险投资和加强地区法律制度可以改善这一现象。

本书基于委托代理理论以及家族企业治理文献回顾，构建了在不同制度环境下，风险投资对家族企业控制权的逻辑框架，以 2014—2018 年家族企业为研究样本，实证检验我国制度背景下风险投资在家族企业中所发挥的治理功能。

本书的主要结论有：

第一，风险投资可以改善家族企业"一股独大"的现象。本书基于对 560 家家族企业 5 年的实证分析，发现风险投资进入家族企业可以降低家族企业控制权和现金流权分离度以及董事会超额控制权。有风险投资入股的家族企业，家族对企业的控制权更可能从绝对控股转变成相对控股，家族对企业的控制权和现金流权以及两权分离程度都发生了较大幅度的下降。可见，风险投资入股后，家族企业"一股独大"以及利用金字塔控股结构掏空公司的现象都得到缓解。这说明，风险投资可以使家族成员卸任监事等职务，从而可以改善家族企业"一股独大"的现象，有助于维护广大中小股东的利益。

第二，良好的制度环境可以降低家族企业"一股独大"现象。地区的法律效率越完善、制度环境越好，家族企业侵占中小股东付出的代价越大，因此，家族企业侵占中小股东利益的机会越少。法制化进程本身不会影响企业金字塔结构和层级，但地区间法制化差异会显著影响家族金字塔类别的选择。在法制化进程相对落后的地区，家族企业的金字塔结构多以分散型为主，而且法制化程度越低，金字塔结构下终极控制权与现金流权分离的程度相对越高。本书通过实证分析得出，制度环境与家族企业控制权呈负相关关系。这说明，加强法律效率可以有效控制家族企业侵害中小股东的行为。

4.5.2 建议

第一，家族企业应正确对待风险投资。风险投资进入家族企业的主要目的是获得高额回报。风险投资为了帮助家族企业顺利上市，必然会利用专业知识，派出管理团队来帮助改善家族企业的公司治理，所以普遍认为风险投资会给家族企业带来积极的效应，向市场传递出利好的信号。而家族企业为了保全自己在公司控股股东的地位，势必会反对风险投资的管理团队入驻公司。风险投资和家族企业的矛盾由此拉开了序幕。家族企业应以正确的态度对待风险投资，应该善于利用风险投资的专业能力，规避风险投资为了自身利益而损害公司利益的行为。

第二，家族企业应正确认识到"一股独大"的利弊。控股家族往往在公司里占据着主要的职务，比如总经理、董事长或者其他要职，他们可以很轻松地利用职务之便来牟取私利，从而侵占其他股东利益。从短期来看，控股家族可以通过侵占其他中小股东的利益来为自己牟私利，但是从长远来看，这样的做法并不利于公司的发展。公司的发展势必需要其他股东的资金支持，长期侵占股东利益会丧失股东对公司的信任，从而公司很难继续发展壮大。因此，家族企业应充分认识到这个问题的严重性，从根本上采取措施。

第三，应加强法律制度效率。规范政府职能，需进一步厘清政府与市场的关系。市场机制抑或政府干预，取决于两者效率的对比，其效率边界在于市场失灵的界限，超出这一界限，就可能导致政府过度干预并衍生出政治寻租行为，进而致使市场受到进一步的"抑制"。以政府干预背景下政治关联的"资源配置效应"为例，企业家寻求政治关联的行为能够为企业带来融资便利。但与此同时，政治关联的"庇护效应"也会弱化公司治理机制，并加剧控制性大股东对中小股东利益侵占的程度。由此可见，政府干预同样存在效率边界问题。因此，在改革的过程中，为适应经济发展和市场化改革的需要，政府权力的介入必须是一种相机决策，即一旦市场化进程取得一定进展，资源能够通过市场进行配置，政府就应当减少相应的行政干预，将资源的配置权交给市场；反之，则应该运用适当的行政干预手段以弥补"缺失"的市场机制，减少制度转换的真空地带。

第 5 章 风险投资、家族超额控制与企业价值

5.1 引言

5.1.1 研究背景及研究意义

1. 研究背景

家族企业在推动经济发展、分担社会压力、完善社会结构方面有其独有的作用,然而,大部分的家族企业在成立初期发展迅速,但在企业规模扩大之后,家族企业的继续成长受到财务资源和人力资源的掣肘,家族企业价值增长缓慢,甚至呈现下降的趋势(Stewart & Hitt, 2012)。国内外学者的研究发现家族企业普遍通过金字塔结构、交叉持

股等控制权强化方式，给控制权加一个杠杆，形成超额控制权。这种组织结构天然地为家族大股东掏空公司、侵害中小股东利益创造条件（李增泉等，2008）。此外，当控制人掌握最终决策权时，决策的合理性就很容易受到影响，缺少相关定性与定量分析的"任性"的决策最终会使企业受到影响（黄昌富和莫停，2016）。

目前，中国的家族企业经历了40年的飞速发展，随着第一批家族创业者的老去以及新时代下政治、经济、社会文化、法律等要素的不断变化，越来越多的家族企业面临传承与转型的困境，而风险股权资本也成了大多数家族企业的选择目标（Thielefk，2017）。风险投资的飞速发展以及家族企业的发展困境决定两者的结合是市场的必然选择。一方面，风险投资通过购入家族企业股权，为家族企业的发展注入资金，缓解企业的融资约束，提高企业风险承担能力；另一方面，由于风险投资与企业创始人委托代理关系的存在，风险投资会深度参与企业的治理行为，包括股东层次、董事层次的决策行为，为企业提供管理支持等其他增值服务，促进企业提升管理的专业化水平，提高决策的科学性，使企业满足上市要求，而风险投资机构也可以通过解套期之后的抛售股权来获得高额回报。因此，风险投资是基于财务目的进入企业，而非通过购入股权来获得企业控制权。

家族企业与其他类型企业相比，更注重企业的传承。传承代表两点，一是家族企业的发展壮大，二是在壮大过程中家族是否能持续掌握控制权。较为单纯的财务目的使优秀的风险投资广受家族企业的青睐，两者之间具有很大的合作潜力，却也存在着较多冲突。家族企业创始人主要关注个人财富的获得以及创业理念的实现，而风险投资更多地注重被投资企业的短期价值增长，双方所关注的焦点并不聚于一点。

近年来,"国美电器""雷士照明""俏江南"等创业家族企业在引入风险资本之后,创始人一方与风险资本方爆发了激烈的矛盾和冲突,对企业的收益以及社会形象都产生了消极影响。国内外学者的大量研究已经表明,风险投资机构相比较小的股东而言,在行业特长和信息搜集等方面具有优势,但其在改善公司治理水平、提升企业价值的功能方面尚未取得一致结论。风险投资通过购入股权进入家族企业,继而影响股权结构,降低家族控股股东的控制权,但是对通过金字塔结构形成的超额控制权是否产生稀释作用,仍需收集数据,进行实证检验。而众多学者对家族企业控制权的研究大多表明,企业超额控制权越高,对企业各方面的利益攫取程度越高,导致企业价值越差。因此,风险投资可以通过对企业超额控制权的影响,继而影响家族企业的整体价值。目前,有关风险投资与企业的研究大多局限于研究风险投资与企业财务后果的直接关系,并未具体剖析风险投资对企业价值的作用路径,因此也产生了不同的研究结果。基于此,本章通过对风险投资与家族企业超额控制权实证研究,从超额控制权的角度深入分析探讨风险投资对企业价值影响的作用机制和作用路径。

2. 研究意义

本章研究目的是探讨风险投资、超额控制权及家族企业价值3个变量之间的内在关联性,实证分析风险投资是否通过降低家族企业的超额控制权来改善公司的价值、提高公司的发展潜力,探究超额控制权在两者中的中介效应。本章将风险投资的作用路径细化,对家族企业治理结构改善及其健康发展都有一定的理论和现实意义,具体意义如下。

理论意义包括以下三个方面。第一,目前国内外学者关于风险投资对企业影响的研究非常多，从产权性质、行业划分到民营、非民营角度的企业样本都有所涉及，但是关于风险投资对家族企业影响的研究却是寥寥无几，本章丰富了风险投资对家族企业治理结构的研究。第二，风险投资对企业影响的实证研究大多集中于企业绩效、企业价值、盈余管理、代理成本，对公司治理结构的分析大多是采用案例分析的方法，研究结果不具备普遍性。本章实证分析在中小板和创业板上市的家族企业数据，结论具有普遍性。第三，家族企业控制权结构对家族企业经济后果的影响一直是研究家族企业的热点问题，而基于信息不对称理论，以及风险投资其本身是股权融资的性质，风险投资的研究和家族企业控制权以及其经济后果的研究紧密联系在一起。本章深化分析风险投资和企业价值之间的关联性，加入超额控制权作为中介变量，剖析风险投资对家族企业价值影响的机理和作用路径。

现实意义是有利于家族企业对风险资本的作用机制和投资目的的深入了解，降低家族企业与风险资本之间的"疏离感"。家族企业的日益发展使其成为我国社会经济的重要组成部分，而在经济转型的过程中，家族企业会面临着融资约束，因此，家族企业会引入风险投资来解决融资问题。风险投资的增值服务不仅仅局限于财务增值，同样作用于公司的治理结构。家族性质的企业是一种相对特殊的企业组织形式，家族创始人拥有的企业控制权普遍超过法律赋予的与所持有股权相对应的权利，随着资本市场的发展，这种超额控制是企业走向规范化、制度化最大的阻碍。因此，风险投资对企业的增值效果作用于家族企业将更加显著。本章从企业超额控制权角度为提高家族企业价值提供新的路径，试图证实超额控制权在风险投资与家族企业价值中起中介作用，缓和家族企业传承过程中控制权保留与企业发展之间的矛盾。

5.1.2　研究内容、研究框架与研究方法

1. 研究内容

通过查阅和总结归纳国内外现有文献，本章结合中国目前风险投资市场现状及家族企业的现状，确立了本章的研究主题，剖析风险投资、超额控制权与家族企业价值之间的关联性，寻找风险投资在家族企业中的作用路径，分析超额控制权在其中是否存在中介效应。

以下是本章的研究内容：

第 1 节为引言。首先，阐明研究背景，即家族企业的发展与困境和风险投资的发展与优势相符合，同时提出研究问题，即超额控制权在风险投资与家族企业价值之间是否有中介效应。其次，点明研究内容与研究框架，提出本章的创新点。最后，梳理述评国内外风险投资与超额控制权、超额控制权与家族企业价值、风险投资与家族企业价值 3 种主题的文献研究，为本章的研究提供理论支撑。

第 2 节为理论分析与研究假设。基于风险投资效应假说、委托代理理论、社会情感财富理论以及前人的研究，提出本章的研究假设。

第 3 节为实证研究设计。首先，说明选取样本的意义以及数据的来源。其次，说明本章研究中的风险投资、超额控制权和企业价值 3 个变量测量的方法。最后根据选取变量，设计研究模型。

第 4 节为实证结果和分析。本章运用 Stata 统计软件对数据进行 Person 分析及回归分析，并基于中介效应的系数比较考虑，将系数标准化处理。在检验三者之间关系时，首先，检验有无风险投资对家族企业价值的影响。其次，在得出显著影响的基础上，再验证超额控制权是否受有无风险投资影响。最后，进一步验证风险投资是否通过超

额控制权来影响家族企业的价值。

第 5 节为本章小结。依据实证结果,推出本章假设成立。结合所建立的假设,综合我国家族上市公司与风险投资的发展现状,提出相关合理化的建议。最后指出本章的研究不足及对于未来的研究展望。

2. 研究框架

本章研究框架如图 5-1 所示。

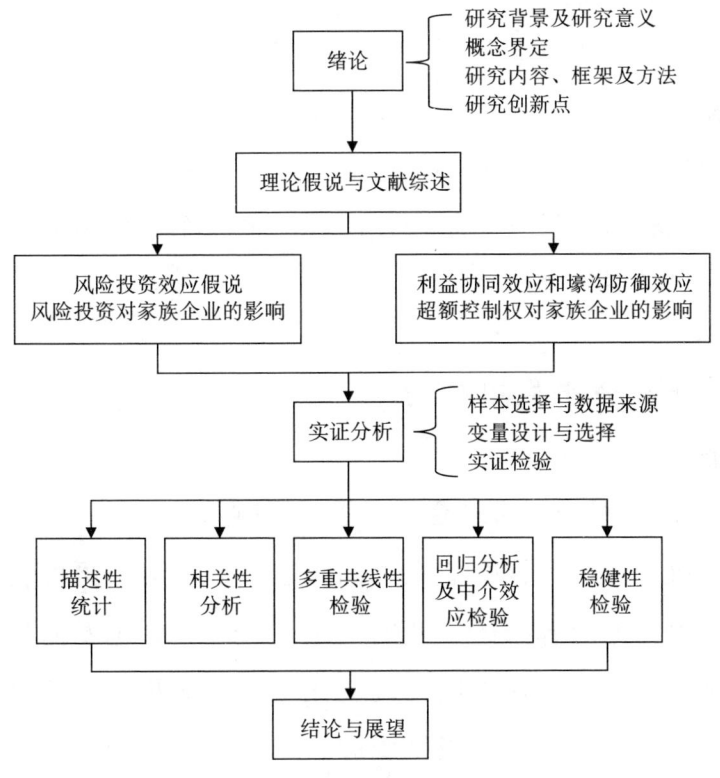

图 5-1 本章研究框架

3. 研究方法

本章将采用文献研究与实证研究相结合的方法对本章的研究问题

进行研究，具体归纳如下：

（1）文献研究法

通过阅读大量有关风险投资、家族控制权与家族企业价值三者之间关系的研究文献，在理解和总结国内外有关研究成果的基础上，了解和掌握能够实现本章研究目的的理论和方法，分析风险投资对家族企业价值的影响机理。

（2）实证研究法

首先，从清科私募通及国泰安数据库提取整理风险投资和家族企业相关数据，从巨潮资讯网下载家族企业招股说明书和年报，手工整理家族企业风险投资及家族相关信息。其次，通过建立多元回归分析模型，实证检验风险投资、超额控制权与家族企业价值三者之间的关系。最后，总结结论提出意见。

5.2 理论分析与研究假设

5.2.1 风险投资对家族企业价值的影响

改革开放之后，家族企业在中国飞速发展，为中国民营经济提供了巨大的助力，但随着家族企业的不断发展壮大，也暴露出其公司治理中越来越多的问题。在中国传统文化中，家文化可以说是最为重要的一部分，绝大多数的传统美德脱胎于家文化，这种家文化对中国企业组织形式的选择有着至关重要的影响。家族企业的特征是家族与企业的难以区分、和谐的家族人际关系、与生俱来的血缘关系、无可替代的凝聚力和坚韧度，这些特性成为家族企业的特性，这种特性既是优点亦是缺点。在企业的初创阶段，家族及其成员之间的信任忠诚节约了监督和激励所需花费的成本，企业初期有限的资源能够充分地用于企业发展关键之处。但是，当企业创业阶段完成，进入企业成长和发展阶段，家族往往成为限制企业发展的制度因素。资源成为企业扩张的掣肘，封闭的家族圈使外界难以了解企业的具体情况，外界的资源难以进入企业。家族之间的感情使任人唯亲在家族企业中大行其道，公司人才上升的通道大大缩小，很难留住优质的企业管理经营人才。栗战书（2003）结合中国国情及时代背景，对家族企业发展中出现的问题进行了深刻地剖析，提出了六个制约家族企业的因素。第一，职业管理人员引入困难；第二，融资渠道狭窄，受到约束；第三，家族企业的制度问题；第四，盲目扩张，缺乏战略考虑；第五，市场准入和产权保护问题；第六，在企业文化层面，存在血缘关系大于实际才能的价值评判标准。以上六点问题是家族企业规范化以及走向上市过程中必须要克服的。

　　风险投资几乎与家族企业同时起步发展，最初，风险投资在中国是政府为了使科技成果更好地转换成生产力而推动发展。2004年，中小板上市标志着我国开始构建多层次的资本市场，家族企业得到上市的通道，而风险投资也多了新的退出渠道，两者的结合已成必然。2009年，创业板的成立推动了风险投资的紧密结合。成熟的优质的风险投资由于其合伙人有广泛的行业关系和丰富的企业管理经验，确实能够为被投资的家族企业提供很多增值服务。风险投资以资金置换股权，缓解企业的融资约束（吴超鹏等，2012），其认证作用间接帮助企业获得债务融资和其他的权益投资（胡刘芬等，2018）。风险资本委派投资经理担任企业董事，增强企业董事会的独立性（Celikyurt等，2014；Tang等，2014）。此外，风险投资具有非常广泛的人脉资源，成员学历普遍较高，有利于缓解家族企业的智力资本缺乏，并且其具备丰富的市场营销经验，能帮助家族企业提升家族品牌，拓宽视野。风险投资机构拥有专业的团队，通过规范企业财务制度、监督制度，为家族企业上市铺路架桥。

基于以上分析，本章提出以下假设：

H1：IPO时得到风险投资支持对家族企业价值产生正向影响。

5.2.2 风险投资对家族企业超额控制权的影响

家族企业的超额控制权主要源于家族构建的金字塔结构及交叉持股，而构建金字塔结构的主要目的是家族控股股东可以用较少的现金流来获取家族上市公司的控制权。而风险投资进入家族企业缓解了企业融资约束，降低了家族构建金字塔结构的动机。此外，由于隧道行为的存在，金字塔结构带来的超额控制权使家族控股股东侵害中小股东的手段更加隐蔽，家族控股股东有动机去侵害其他中小股东利益来增加其自身的利益，损害公司价值。风险投资的引入则可以缓解这一问题。陈建林（2014）研究发现当家族企业融资受到约束时，家族为了保证企业的持续经营，才会不得不选择私募股权类融资。换言之，股权类资本不是家族企业最开始愿意采用的融资方式，而往往是最后的融资选择。因此，此时进入家族企业，风险投资有较强的议价能力和谈判能力，往往能获取更多的股权，从而推动家族企业的超额控制权发生变化。陈德球等（2013）认为在制度环境好以及金融深化程度较高的地区，家族企业融资便利，外部的融资成本也相应处在可接受的范围，家族控股股东利用低现金流权获得高控制权的动机降低。风险投资投资家族企业的主要目的是使企业价值上升，从而通过卖出或IPO来获得投资回报。因此，风险资本与小股东的利益在一定程度上是一致的，并且风险投资机构相比其他中小股东具有更专业的才能，大股东利用行业特长侵占小股东利益的可能性更小。基于此，风险投资机构入股后会敦促家族企业调整其控股结构，让大股东的控制权与其现金流权相匹配。

因此，提出以下假设：

H2：家族企业 IPO 时得到风险投资支持，有利于减缓控股家族的超额控制权问题。

5.2.3 超额控制权对家族企业价值的影响

正如前文文献综述所提到，家族企业实际控制人一方面会利用超额控制权实施隧道挖掘行为来侵占中小股东利益；另一方面又会在特定情况下采取支持行为，帮助企业缓解压力，进而使其他的中小股东收益，本章在综合考虑隧道效应和支持效应的基础上，从超额控制权角度切入，研究实际控制人的控制对企业价值的影响。

1. 超额控制权与隧道效应和壕沟防御效应

家族控股股东利用超额控制权，偏离一股一票的原则，为其实施隧道行为、牟取控制权私人收益提供了动力与机会。控股股东只需承担低于其控制权的现金流权成本，但享有全部控制权私人收益，通过提高代理成本，影响企业价值。壕沟防御效应表明在其他条件既定的前提下，家族实际控制人拥有的现金流权越少，越有动机对企业实施利益侵占；控制权越高，越有能力对企业实施利益侵占（冉茂盛等，2015；李大鹏，2014；田利辉等，2015；徐萌娜，2015；苏启林等，2015）。

超额控制权体现了控制权与现金流权相背离的程度，因此，超额控制权使家族越有动机和能力实施隧道行为。此外，由于家族企业股权结构中金字塔结构和交叉持股普遍存在，这种结构方便隐藏获取的控制权私利，控股股东会利用金字塔结构的复杂性，通过盈余管理等手段操纵会计信息，降低财务信息的透明度（刘启亮等，2008）。总体来说，超额控制权越高，越有利于家族控股股东实施隧道挖掘行为。

2. 超额控制权与支持效应和利益趋同效应

同股不同票给控股股东带来实施隧道行为的激励时，也降低了控股股东实施支持行为的动机。当实施支持行为所花费的成本一定时，两权背离度越大，支持行为获得的控制权共享收益越低，现金流权为家族控股股东从其控制的公司中获取的共享收益确定了上限，这就造成了控股股东实施支持行为的收益与成本的不对等，越倾向于利用控制权为家族牟取控制权私利。

利益趋同效应表明，现金流权越高，家族控股股东越倾向于实施较多的支持行为，进而有助于提高企业价值（张远飞等，2013）。在控制权既定的情况下，现金流权越高，超额控制水平越低，家族越有动机实施支持效应，实现共享收益。Jian 等（2010）研究发现，中国的金字塔结构强化了实际控制人的超额控制权，却也阻碍了实际控制人实施支持行为。

基于以上分析，本章提出假设：

H3：超额控制权对家族企业价值存在负向影响。

5.2.4 超额控制权中介效应假设

企业的价值受到很多因素的影响，包括内部与外部的环境作用，外部体现在宏观政策、产业环境等方面，内部问题归结于企业治理层与管理层。治理层即企业的投资者,而家族控股股东掌握企业的控制权,因此成为实际意义的治理层,决定着家族企业未来的发展方向。有研究表明风险投资会改善企业的治理结构,影响中小企业的价值以及企业的成长性(李春平等,2018;钱锡红等,2019)。此外,超额控制权会抑制企业投资效率的提升,而风险投资的引入会减少这种抑制效果(孙天睿等,2019),促进企业价值的提高。吴超鹏等(2019)基于创始人的家族主义角度进行研究,表明"去家族化"的彻底与否直接关系到上市后公司的绩效。超额控制权属于企业治理结构的一部分,属于家族企业股权结构特征的一部分。风险投资作为一种权益性的融资,对企业超额控制权的影响直接反映在"去家族化"的程度上,而超额控制权属于影响公司企业价值的内部因素。基于三要素之间的关系的理论基础,可以推导出,风险投资进入企业之后,会改善控制权结构,继而对家族企业的价值产生影响,三者之间存在传导效应。具体中介效应如图5-2所示。

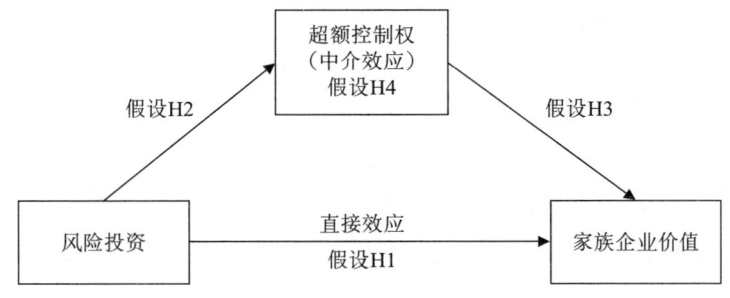

图5-2 变量逻辑图

据此,提出以下假设:

H4:超额控制权在风险投资影响家族企业价值的过程中起到中介作用。

5.3 实证研究设计

5.3.1 样本选择及数据来源

据《2012年深市上市公司治理情况报告》研究所述,中小板和创业板80%以上的公司都属于广义家族控制企业。因此,本章在第4章的基础上,将研究对象扩大至在中小板及创业板上市的家族企业,同时,将时间跨度扩展为2011年12月31日至2018年12月31日,进一步检验风险投资对家族企业超额控制的影响以及超额控制权是否在风险投资影响家族企业价值中承担中介作用。

在本章中,家族上市公司的筛选标准和样本选取原则同第4章,即家族企业样本的筛选依据为:

①实际控制人追溯到家族或自然人,实际控制人存在一致行动协议的,除非是家族成员之间的协议,否则不属于家族企业;

②实际控制人的控制权大于10%;

③家族董事会中存在两个或两个以上的家族成员。

样本选取原则为:

①选取于2018年12月31日前在中小板上市的企业;

②剔除间接创办的家族企业(公司上市时是国家控股或非自然人/家族控股,后来由于股权转让、改制等由家族企业控股);

③剔除金融保险行业上市公司,因为金融行业经营业务、财务表现、资本结构具有特殊性,有别于一般行业,代表性不强。

④剔除ST、*ST类上市公司;

⑤剔除家族相关数据、财务数据缺失的企业;

⑥剔除处于 1%—99% 分位数以外的异常值。

本章通过翻阅 IPO 招股说明书以及结合私募通数据库，定义 IPO 之时股东中有风险投资机构名单即代表该企业上市得到风险投资支持。根据以上定义，IPO 时有风险投资背景的家族企业共有 402 家，占家族企业总样本的 48.03%。

本章相关家族企业数据主要来源于国泰安数据库，风险投资数据来源于清科私募通数据库，结合 IPO 招股说明书以及各大财经网站收集整理。经过以上重重筛选，最终得到 837 家家族企业以及 3207 个有效观测值。

5.3.2 变量设计与选择

1. 被解释变量

$TobinQ$ 普遍作为西方学者研究企业价值所采取的财务指标（Morck 等，1988；McConaughy 等，1998），近几年也逐渐被中国学者所接受。本章参考苏启林（2003）的研究，选用 $TobinQ$ 作为家族企业价值的评估指标。由于 $TobinQ$ 值为公司市值与重置价值之比，而中国大陆上市公司重置价值的数据很难得到，本章综合 Mithchell 等（1990）将 $TobinQ$ 近似等于 Proxy Q 的结论（$TobinQ \approx Proxy\ Q =$（公司流通市值 + 公司非流通股市场价值 + 负债账面价值）÷ 资产账面价值）以及国泰安数据库对 $TobinQ$ 值的定义，得出以下具体公式。

$$TobinQ = 市值 \div 重置成本$$

$$市值 = 股权市值 + 净债务市值$$

其中，非流通股股权市值用净资产代替计算；净债务市值 = 负债总额 − 应付职工薪酬 − 应付税费 − 应付股利 − 其他应付款 − 递延所得税负债；重置成本 = 期末总资产。

$TobinQ$ 可以用来衡量企业使用资源创造的增加值是否大于投入的成本。当 $TobinQ$ 值大于 1 时，表明公司创造的价值大于投入的成本，投资者看好公司的前景，愿意以更高的价格来购入企业的股票；反之，表明公司资源利用率较差，投资者不看好企业的前景。风险投资机构主要目的其实是通过增值服务使家族企业的价值上升，通过 IPO 或者并购退出。因此，$TobinQ$ 更能直观地反映风险投资在进入家族企业之后对家族企业产生的影响。

2. 解释变量

风险投资（VC）。本章主要考察家族企业在 IPO 时是否得到风险投资的支持，该变量为 VC，如果公司 IPO 时曾有风险投资支持，则取 $VC=1$；反之，$VC=0$。

3. 中介变量

超额控制权（EC）。研究参照 La Porta 等（1999）的测度方法，控制权等于所有控制链条上最少控制权比例的汇总之和。现金流权为链条中各级持股比例的乘积，若存在不止一条控制链，则将所有控制链上所有权的乘积进行加总。

$$家族企业超额控制权 = 控制权 - 现金流权$$

4. 控制变量

企业规模（$lnsize$）。企业规模越大，公司的价值相对越高，企业的议价能力越强，可能不利于风险投资降低家族控股股东的超额控制程度。选取企业期末总资产代表企业规模，并做对数化处理。

资产负债率（Lev）。资产负债率体现家族企业的长期偿债能力。Myers（1984）提出了融资优序理论，该理论表明企业在进行融资选择时优先选择内部融资，再寻求外部融资，对股权性融资的抗拒程度要高于债务性融资。由于家族企业制度不规范、资信较差，银行对其放贷十分谨慎。因此，企业负债越低，表明家族企业相对规模较小，且资质较差、议价能力较差。此外，唐建荣等（2018）发现低负债率的资产结构助长了控股家族隧道挖掘的动机。

盈利能力（Roe）。盈利能力体现企业的经营业绩，盈利能力越强，企业拥有更多的利润留存，而股东也拥有更多的分红，越有可能吸引外部投资者，带来更多资金支持，促进企业发展。

发行费用（$Fxfy$）。发行费用主要是企业 IPO 时的承销费用和中介机构费用以及其他费用。有研究表明中介机构声誉对 IPO 发行总成本有显著负影响，即高声誉的优质的承销商选择优质的企业，帮助降低其发行成本，因此发行费用越高表明企业资质相对较差（张强等，2011）。

企业至发行时成立年龄（$lnage$）。企业成立至 IPO 时的年龄，换算成天数之后，做对数化处理。相对来说，上市之前企业发展的时间越长，越有利于企业的规范化。

董事长学历（$Education$）。家族企业的董事长一般由实际控制人担任。一方面，家族董事长的学历越高，家族在企业中的话语权就越高，可能影响风险投资削弱超额控制权；另一方面，董事长学历越高，可能越能接受公司的规范化。家族董事长如果学历在本科及以上，赋值为 1；本科以下，赋值为 0。

董事会家族成员占比（$Chairate$）。家族成员在董事会中的席位体现家族在董事会层面的控制权。由于董事会实际决定公司的章程与公司的未来方向，因此，家族可能会在董事会层面中投入更多的控制力量，减少股东层面的控制。

参与管理代数（$Djcc$）。家族如果有第二代及以后一代参与家族管理（担任董事长或总经理）赋值为1；如果只有第一代参与，赋值为0。祝振铎等（2018）研究发现，父辈会积极地采取战略变革措施为第二代的接班打好基础，而这种战略变革会使家族企业的价值受到损害。家族为了保证第二代能够顺利接班，一定会尽可能保证对企业的控制。

董事长为家族成员（Dj）。董事长如果为家族成员担任，赋值为1；否则，赋值为0。董事长出自家族成员，可能会加强家族对企业的控制，也有可能愿意放弃一部分超额控制权。

总经理为家族成员（Zj）。总经理如果为家族成员担任，赋值为1；否则，赋值为0。同理，总经理出自家族成员，掌握企业的经营决策权，企业对家族的依附更强，家族对企业的超额控制水平会受到影响。

行业（Ind）和年度（$Year$）。不同行业的家族企业对风险投资的接纳程度不一样，因此有必要根据行业来对家族企业进行更细致地分析。为简化操作，根据证监会《上市公司行业分类指引》（2012修订）将家族企业所在行业分为制造业和非制造业两种，制造业赋值为1，非制造业赋值为0。此外，考虑不同年度的不同影响，设置年度虚拟变量（见表5-1）。

表5-1　　　　　　　　变量定义及相关计算公式

变量分类	变量名称	变量公式
被解释变量	家族企业价值（$TobinQ$）	市值÷期末总资产
中介变量	超额控制权（EC）	家族实际控制人控制权－家族实际控制人现金流权
解释变量	风险投资（VC）	公司上市时有风险投资支持，则取$VC=1$；反之，$VC=0$

续表

变量分类	变量名称	变量公式
控制变量	企业规模（ln$size$）	公司总资产的自然对数
	资产负债率（Lev）	期末总资产÷期末总负债
	发行费用（$Fxfy$）	IPO时发行费用的自然对数
	盈利能力（Roe）	净资产收益率
	企业至发行时成立年龄（lnage）	IPO时企业存续天数的自然对数
	董事长学历（$Education$）	本科及以上为1，本科以下为0
	董事会家族成员占比（$Chairate$）	董事会家族成员人数÷董事会总人数
	参与管理代数（$Djcc$）	存在二代及后代参与管理为1，只有第一代为0
	董事长为家族成员（Dj）	是家族成员为1，不是为0
	总经理为家族成员（Zj）	是家族成员为1，不是为0
	行业（Ind）	制造业为1，非制造业为0
	年度（$Year$）	以2010—2017年按年度划分

5.3.3 实证模型构建

基于前文理论分析与推理假设，本章构建多元回归模型来验证超额控制权是否在风险投资与家族企业价值间存在中介效应。中介效应属于一种间接效应，自变量 X 对因变量 Y 存在影响，如果 X 通过影响变量 M 来影响 Y，那么 X、M、Y 3个变量间存在传导，M 就作为中介变量，各变量对应关系如表5-2所示。根据Bron和Kenny（1986）设计的中介效应检验方法，构建3个变量的回归方程，如下：①$Y = cX + \varepsilon 1$；②$M = aX + \varepsilon 2$；③$Y = c'X + bM + \varepsilon 3$。

表5-2 各变量对应关系

变量	对应回归方程中的变量
有无风险投资支持	X
超额控制权	M
家族企业价值	Y

构建相关模型如下：

$$TobinQ = \beta_0 + \beta_1 VC + \beta_2 lnsize + \beta_3 Lev + \beta_4 Fxfy + \beta_5 lnage$$
$$+ \beta_6 Education + \beta_7 Chairate + \beta_8 Djcc + \beta_9 Dj + \beta_{10} Zj$$
$$+ \beta_{11} Roe + \beta_{12} Ind + \sum Year + \varepsilon \qquad (5-1)$$

$$EC = \beta_0 + \beta_1 VC + \beta_2 lnsize + \beta_3 Lev + \beta_4 Fxfy + \beta_5 lnage + \beta_6 Education$$
$$+ \beta_7 Chairate + \beta_8 Djcc + \beta_9 Dj + \beta_{10} Zj + \beta_{11} Roe + \beta_{12} Ind$$
$$+ \sum Year + \varepsilon \qquad (5-2)$$

$$TobinQ = \beta_0 + \beta_1 VC + \beta_2 EC + \beta_3 lnsize + \beta_4 Lev + \beta_5 Fxfy + \beta_6 lnage$$
$$+ \beta_7 Education + \beta_8 Chairate + \beta_9 Djcc + \beta_{10} Dj + \beta_{11} Zj$$
$$+ \beta_{12} Roe + \beta_{13} Ind + \sum Year + \varepsilon \qquad (5-3)$$

在模型（5-1）中，VC 为自变量，$TobinQ$ 为因变量，该模型体现 IPO 时有无风险投资背景对家族企业价值的影响；在模型（5-2）中，VC 为自变量，EC 为因变量，验证风险投资对家族企业的超额控制权是否具有稀释作用；在模型（5-3）中，加入 EC 作为中介变量，研究超额控制权在风险投资和家族企业价值中的中介效应是否存在。

5.4 实证结果和分析

本章实证分析所用软件均为 Stata，首先进行描述性统计分析，初步分析各变量的均值、方差、最大值和最小值。其次进行 Pearson 相关性分析以及多重共线性检验，防止显著性失去意义。接下来根据所构建的模型进行回归分析，验证假设。最后，为了保证实证结果稳定，进行稳健性分析。

5.4.1 描述性统计

本章对所收集样本数据进行 winsorize 处理，对相应变量进行描述性统计，其结果如表 5-3 所示。在中小板和创业板所遴选出的 837 家家族企业中，超额控制程度均值为 3.46%，最大值为 26.23%，最小值为 0，存在风险投资上市支持的企业略少于未存在上市支持的企业，相对来说偏少。从行业平均数来看，绝大多数家族企业属于制造业。从家族企业董事长的学历来看，平均值高于 0.5，即大部分的董事长学历在本科以上。从家族成员董事会占比来看，最高为 57.14%，而一般董事会作出的决议经由二分之一以上的董事通过即可，换言之，超过一半的家族董事席位代表着家族对企业经营决策的绝对掌控；均值为 29.72%，上市公司要求独立董事的比例不少于三分之一，而在实际情况中，部分独立董事是由家族董事长提名，并且独立董事制度在我国并不成熟，在公司治理过程中并未发挥监督的作用（于东智，2003），所以家族董事的实际占比相当之高。从董事长、总经理是否为家族成员来看，绝大多数董事长和总经理是家族成员。参与管理代数的指标平均数为 25.10%，也就是说大部分家族二代成员还没有能力接受企业传承。企业价值 $TobinQ$ 值最大为 11.24，最小为 0.54，不同家族企业之间价值相差较大。

表 5-3　　　　　　　　变量描述性统计

变量	样本数	均值	标准差	最小值	最大值
$TobinQ$	3207	2.917509	2.058039	0.544705	11.23953
VC	3207	0.4621141	0.4986403	0	1
EC	3207	0.0346428	0.0658091	0	0.262344
$lnage$	3207	7.921597	0.7171036	5.932245	9.019664

续表

变量	样本数	均值	标准差	最小值	最大值
$Fxfy$	3207	17.46375	0.5046529	16.194	18.8485
$Education$	3207	0.6317431	0.4824068	0	1
$Chairate$	3207	0.2972387	0.0840563	0.1818182	0.5714286
Ind	3207	0.8316183	0.3742632	0	1
$Djcc$	3207	0.2510134	0.4336638	0	1
$lnsize$	3207	6.103175	7.020285	0.690668	22.73711
Lev	3207	0.3140286	0.1742015	0.035071	0.748179
Dj	3207	0.9747428	0.1569299	0	1
Zj	3207	0.7377611	0.4399204	0	1
Roe	3207	0.0841998	0.0693137	0.0168482	0.285697

为了更好地研究风险投资与家族企业之间的影响，本书将样本按上市时是否得到风险投资支持进行划分，结果见表5-4。表中可见有风险投资支持的家族企业的成立时间更久，企业的价值和盈利能力都相对更优，企业董事长的学历与无风险投资支持的董事长的学历相比更高，超额控制程度较弱，家族成员董事会占比也相应下降。在家族参与管理代数方面，有风险投资支持的家族企业的家族参与管理代数指数相对更低，可见相对不注重代际传承的家族企业更容易接受引入风险投资。初步分析，风险投资进入家族企业削弱了家族的超额控制程度，改善了企业治理结构，提高了企业价值。更深入的分析还需通过回归分析来得出结果。

表5-4 有无风险投资支持家族企业特征对比分析

变量	无风险投资支持		有风险投资支持	
	均值	标准差	均值	标准差
$TobinQ$	2.82815	1.992997	3.021519	2.127199
EC	0.039644	0.0711979	0.0288216	0.0584062

续表

变量	无风险投资支持		有风险投资支持	
	均值	标准差	均值	标准差
lnage	7.841908	0.763532	8.014351	0.6469593
Fxfy	17.37454	0.5290737	17.56759	0.4532113
Education	0.6023188	0.4895608	0.6659919	0.4718017
Chairate	0.3030679	0.087191	0.2904537	0.0797478
Djcc	0.2846377	0.4513726	0.2118758	0.4087753
lnsize	6.63128	7.437566	5.488477	6.449175
Lev	0.3148652	0.1781244	0.3130549	0.1695759
Dj	0.9721739	0.164522	0.9777328	0.1476011
Zj	0.7113043	0.4532875	0.768556	0.4218978
Roe	0.0817694	0.0701823	0.0870287	0.0682035

5.4.2 相关性检验

在进行回归分析之前，本章采用 Pearson 分析方法检验模型中主要变量的相关性，结果如表 5-5 所示。从表中可见，风险投资支持变量（VC）与企业价值（$TobinQ$）的相关系数为 0.0469，与超额控制权（EC）的相关系数为 -0.0820，超额控制权与企业价值的相关系数为 -0.0363。初步来看，有风险投资支持的家族企业超额控制权更低，而超额控制与企业价值负相关，风险投资支持的家族企业价值也更高，符合本书的最初假设。

5.4.3 多重共性线检验

从相关性分析的各变量之间的系数来看，绝对值没有超过 0.5 的相关系数，但是考虑到解释变量与部分控制变量可能存在多重共线性，存在影响回归结果的可能性。因此，本章对部分变量进行了多重共线

表 5-5　变量 Pearson 相关系数矩阵

	TobinQ	VC	EC	Image	Fxfy	Education	Chairate	Djcc	lnsize	Lev	Zj	Roe
TobinQ	1.0000	—	—	—	—	—	—	—	—	—	—	—
VC	0.0469***	—	—	—	—	—	—	—	—	—	—	—
	0.0081											
EC	-0.0363*	-0.0820***	1.0000	—	—	—	—	—	—	—	—	—
	0.0397	0.0000										
lnage	0.1540***	0.1199***	-0.0301**	1.0000	—	—	—	—	—	—	—	—
	0.0000	0.0000	0.0888									
Fxfy	-0.0355**	0.1907***	-0.0965***	0.0955***	1.0000	—	—	—	—	—	—	—
	0.0445	0.0000	0.0000	0.0000								
Education	0.0952***	0.0658***	-0.0121	0.0264	-0.0357**	1.0000	—	—	—	—	—	—
	0.0000	0.0002	0.4946	0.1344	0.0433							
Chairate	0.0294*	-0.0748***	-0.0413**	-0.0744***	0.0650***	-0.0590***	1.0000	—	—	—	—	—
	0.0957	0.0000	0.0193	0.0000	0.0002	0.0008						
Djcc	-0.0435***	-0.0837***	0.0352**	0.0139	-0.0409**	-0.0664***	0.1075***	1.0000	—	—	—	—
	0.0138	0.0000	0.0465	0.4328	0.0205	0.0002	0.0000					
lnsize	0.0708***	-0.0812***	0.0400**	-0.1175***	0.0078	0.0214	0.0009	-0.0244	1.0000	—	—	—
	0.0001	0.0000	0.0236	0.0000	0.6587	0.2264	0.9593	0.1665				
Lev	-0.3775***	-0.0054	0.0598***	-0.1321***	-0.1592***	-0.0431**	-0.0972***	-0.0182	-0.3540***	1.0000	—	—
	0.0000	0.7592	0.0007	0.0000	0.0000	0.0146	0.0000	0.3026	0.0000			
Zj	0.0331*	0.0649***	-0.0628***	0.0683***	0.0342*	0.0284	0.1250***	0.1898***	0.0207	-0.0791***	1.0000	—
	0.0606	0.0002	0.0004	0.0001	0.0526	0.1083	0.0000	0.0000	0.2421	0.0000		
Roe	0.3104***	0.0378**	0.0629***	0.0855***	0.0598***	0.0074	-0.0422**	-0.0145	0.1549***	-0.1223***	0.0106	1.0000
	0.0000	0.0322	0.0004	0.0000	0.0007	0.6747	0.0168	0.4130	0.0000	0.0000	0.5483	

注：* 代表变量系数在 10% 水平下显著；** 代表变量系数在 5% 水平下显著；*** 代表系数在 1% 水平下显著；系数下方数字为 p 值。

性检验，以明确变量之间的共线程度是否会对回归结果造成不可忽视的影响。检验结果如表5-6所示，从表中可见，方差膨胀因子最高为3.86，平均在2.60左右，未超过10，均在可容忍范围之内。

表5-6　　　　　　　　　多重共线性检验

变量	模型（5-1）VIF	模型（5-2）VIF	模型（5-3）VIF
VC	1.09	1.09	1.09
EC	—	—	1.04
$lnage$	1.11	1.11	1.11
$Fxfy$	1.10	1.10	1.10
$Education$	1.03	1.03	1.03
$Chairate$	1.07	1.07	1.07
Ind	1.06	1.06	1.06
$Djcc$	1.07	1.07	1.08
$lnsize$	3.85	3.85	3.86
Lev	1.33	1.33	1.34
Dj	1.05	1.05	1.05
Zj	1.09	1.09	1.09
Roe	1.06	1.06	1.07
Mean	2.60	2.60	2.52

5.4.4　回归分析及中介效应检验

本章将家族企业价值（$TobinQ$）作为被解释变量，上市时是否得到风险投资支持（VC）作为解释变量，家族企业超额控制权（EC）作为中介变量，企业至发行时成立年龄（$lnage$）、董事长学历（$Education$）、家族成员董事占比（$Chairate$）、参与管理代数（$Djcc$）等与公司特征有关的变量作为控制变量，根据所设立的模型（5-1）、模型（5-2）、模型（5-3），利用 Stata 软件进行多元线性回归，并通过 robust 处理来消除数据异方差的影响，通过 beta 标准化系数，便于系数进行对比，得到回归结果表5-7。

表5-7　　　　　　　风险投资与家族企业价值影响回归分析

模型（5-1）	M1 $TobinQ$	M2 $TobinQ$	M3 预测符号
VC	—	0.0240*	+/-
	—	(1.83)	
$lnage$	0.0453***	0.0431***	+
	(3.45)	(3.27)	—
$Fxfy$	-0.1349***	-0.1393***	-
	(-10.76)	(-10.75)	
$Education$	0.0564***	0.0549***	+
	(4.56)	(4.46)	—
$Chairate$	0.0198	0.0218*	+/-
	(1.63)	(1.78)	
Ind	-0.0636***	-0.0626***	-
	(-4.77)	(-4.72)	
$Djcc$	-0.0584***	-0.0566***	-
	(-4.60)	(-4.45)	
$lnsize$	0.0877***	0.0903***	+
	(3.86)	(3.98)	
Lev	-0.3908***	-0.3908***	-
	(-29.48)	(-29.52)	
Dj	0.0412***	0.0415***	+
	(3.68)	(3.69)	
Zj	0.0126	0.0106	+
	(0.98)	(0.82)	
Roe	0.2655***	0.2651***	+
	(15.54)	(15.52)	—

续表

模型（5-1）	M1	M2	M3
	TobinQ	TobinQ	预测符号
Year	控制	控制	—
Constant	11.43***	11.73***	—
	(12.20)	(12.20)	—
Observations	3207	3207	—
R-squared	0.500	0.501	—

注：* 代表变量系数在10%水平下显著；** 代表变量系数在5%水平下显著；*** 代表系数在1%水平下显著；系数下方数字为 t 值。

1. 风险投资对家族企业价值影响实证结果

表5-7反映的是风险投资对家族企业价值的回归结果。观察M1列和M2列之间的对比结果可以看出，在加入风险投资变量之后，风险投资与家族企业价值之间的系数为0.0240，大于0。且通过了10%水平的显著性检验，R^2 为0.501，拟合度明显，正向效应明显，即获得风险投资支持的上市家族企业的市值与期末总资产之比提高了10个百分点，投资者更看好有风险投资支持的家族企业的未来。根据回归结果，不难看出，我国风险投资在家族企业上市之前发挥了认证和监督作用，风险资本市场经历了数十年的发展之后，逐名效应已经逐渐减弱，增值效应明显，假设H1a得到验证，风险投资通过对家族企业的支持，对企业价值产生了积极的推动作用。

表5-7中同样列示了有关控制变量对企业价值影响回归结果：

（1）公司特征

家族企业上市时的成立年龄与企业价值正相关，通过1%水平的显著性检验，正向效应明显。如前文描述性统计部分所述，绝大多数家族企业属于制造业，而制造业的企业需要时间积累，包括上下游渠道、技术、人才等，因此，相应成立时间越长，企业越加成熟，TobinQ值越高，股票市场对公司价值看好，投资者也更加乐于投资企业。企业发行费用与企业价值负相关，通过1%水平的显著性检验，负向效应明显。当企业资质较差时，承销商会收取更高的费用来保证上市的成功，因此，发行费用越高表明企业资质相对越差，企业价值越低。资产负债率与企业价值负相关，通过1%水平的显著性检验，负向效应明显。资产负债率体现企业的偿债能力，企业偿债能力越差，企业价值相应越差。盈利能力与企业价值正相关，通过1%水平的显著性检验，正向效应明显。企业盈利能力越好，体现在股票市场上的反映越好，企业价值也会更高。

（2）家族特征

家族企业董事长学历与企业价值正相关，通过1%水平的显著性检验，正向效应明显。家族企业董事长受到的教育水平越高，越能把握企业前进方向，对企业的发展壮大起到良好的促进作用。家族成员董事会占比与企业价值正相关，通过10%水平的显著性检验，正向效应明显。从社会情感财富（SEW）理论来看，家族成员在董事会中的席位越多，可能越能维系家族成员之间的情感纽带，增加家族成员对企业的认同感，互相之间形成情感依恋，并且保证家族对企业在董事会的控制。主要家族成员都能参与家族企业治理，有利于企业价值的增加。参与管理代数与企业价值负相关，通过1%水平的显著性检验，负向效应明显。第二代参与企业管理时，由于对企业还不够了解，可能会作出不利于企业价值的决策，另外，家族企业管理人员的晋升机制比较特殊，存在血缘关系大于实际才能的情形。SEW五个维度中的一个维度即代际传承，家族企业看重代际传承，第一代创始人为了保证企业能够顺利传承，在一定程度上愿意损害企业价值来培养第二代的能力,因此,第二代参与管理会损害企业价值。董事长是否为家族成员与企业价值正相关,通过1%水平的显著性检验,正向效应明显。董事长是家族成员,能够增强家族成员与企业的向心力,保证家族企业的核心利益不受到损害。并且董事长是家族成员可以在一定程度上保持企业经营决策的稳定性,这对一个成熟的企业很重要。总经理是否为家族成员与企业价值正相关,但是没有通过显著性检验,正向效益不明显。家族成员担任总经理有利于规划企业路线,使各要素更紧密有效地联系在一起。

2. 风险投资对超额控制权影响实证结果

表5-8反映的是风险投资与家族企业超额控制权关系的回归结果。观察 M1 列和 M2 列之间的对比结果可以看出,在加入风险投资变量之后,风险投资与家族企业超额控制权之间的系数为 -0.0595,小于0,且通过了1%水平的显著性检验,负向效应明显。有风险投资支持的家族企业的控制权与现金流权分离度更小,股东大会层面超额控制程度更低,风险投资抑制了控股家族对企业的超额控制权程度,假设 H2 得到验证。

表5-8　　　　风险投资与家族企业超额控制权影响回归分析

模型 (5-2)	M1	M2	M3
	EC	EC	预测符号
VC	—	-0.0595***	-
	—	(-3.38)	—
$lnage$	-0.0020	0.0035	-
	(-0.12)	(0.20)	—
$Fxfy$	-0.0794***	-0.0685***	-
	(-4.33)	(-3.75)	

续表

模型 (5-2)	M1	M2	M3
	EC	EC	预测符号
Education	-0.0046	-0.0012	+/-
	(-0.26)	(-0.07)	—
Chairate	-0.0221	-0.0271	+/-
	(-1.23)	(-1.50)	—
Ind	0.0129	0.0104	+
	(0.75)	(0.61)	—
Djcc	0.0480***	0.0434**	+
	(2.68)	(2.42)	—
lnsize	0.0818**	0.0754**	+
	(2.46)	(2.26)	—
Lev	0.0766***	0.0765***	+
	(3.51)	(3.53)	—
Dj	-0.0541***	-0.0549***	—
	(-2.63)	(-2.67)	—
Zj	-0.05421***	-0.0493**	—
	(-2.86)	(-2.57)	—
Roe	0.0732***	0.0744***	+
	(4.16)	(4.23)	—
Year	控制	控制	—
Constant	0.224***	0.200***	—
	(5.24)	(4.68)	—
Observations	3207	3207	—
R-squared	0.031	0.034	—

注：*代表变量系数在10%水平下显著；**代表变量系数在5%水平下显著；***代表系数在1%水平下显著；系数下方数字为 t 值。

表5-8中同样列示了有关控制变量对超额控制权的实证结果。

（1）公司特征

家族企业上市时成立年龄与超额控制权正相关，未通过显著性检验，正向效应不明显。预测符号与实际相关性相反，未加入风险投资变量时，企业上市时的成立年龄与控股家族的超额控制程度负相关，企业越成熟，相对现金流越多，家族企业可以回购其他股东的股票，控股家族持有上市家族企业现金流权越多，控制权与现金流权两权分离度越小。加入风险投资变量之后，猜测风险投资选择的成熟企业议价能力较强，风险投资无法对其超额控制地位产生削弱作用，风险投资进入企业只产生了现金流权的削弱，未影响控股家族的控制权，因此，反而略微提升了控股家族的超额控制程度。企业上市发行费用与超额控制权负相关，通过1%水平的显著性检验，负向效应明显。企业为上市支付给承销商的费用以及相应手续费越高，表明企业资质越差。且李海霞等（2014）研究发现，风险投资机构入股企业有利于降低企业发行成本，基于此，风险投资对发行费用较多的家族企业来说议价能力较强，家族企业受制于上市条件与上市成本约束，会降低对企业的超额控制，保证企业成功上市。制造业企业与超额控制权正相关，未通过显著性检验，正向效应不明显。制造业企业较为传统与保守，且核心技术与其他行业相比不可替代性较差，需要通过对股权的超额控制保证控股家族在企业中的地位。企业规模与超额控制权正相关，且通过10%水平的显著性检验，正向效应明显。企业规模越大，一方面，议价能力越强，风险投资难以通过协议来降低控股家族的超额控制程度，另一方面，规模越大，越难以作出变革，家族主观变革意愿较弱。资产负债率与超额控制程度正相关，且通过1%水平的显著性检验，正向效应明显。资产负债率越高，表明企业获得债务性融资能力很强，基于SEW理论和融资次序理论，家族为了保证其控股地位，在企业发展需要融资时，优先考虑内部融资，其次是银行借款等债务性融资，最后才是外部权益融资。风险投资作为外部权益性融资，并不是家族企业的第一选择。企业资产负债率越高，则风险投资抑制控股家族超额控制的可能性越低。企业盈利能力与超额控制权正相关，且通过1%水平的显著性检验，正向效应明显。企业盈利能力越强，企业价值越高，议价能力越强。

（2）家族特征

家族成员董事会占比与超额控制权负相关，未通过显著性检验，负向效应不明显。家族成员在董事会中席位越多，对企业的经营决策影响力越高，对股权层次的超额控制相对需求较弱。参与管理代数与超额控制权正相关，且通过5%的显著性检验，正向效应明显。当家族二代或多代参与企业时，表明家族已经为企业的传承铺路，对企业的超额控制会保证企业一代与二代之间的交接能平稳过渡。董事长是否为家族成员与超额控制程度负相关，且通过1%的显著性检验，负向效应明显。董事长作为家族成员，代表家族在企业中的利益，成为家族乃至整个家族企业的掌舵人，因此，当董事长属于家族成员时，家族愿意让渡一部分股权给外来投资者，家族上市公司所有权减少，超额控制程度下降。总经理是否为家族成员与超额控制程度负相关，且通过5%的显著性检验，负向效应明显。SEW理论表明，当家族注重对企业的控制权和影响力时，不太可能启用外部经理人（王霄等，2013）。因此，当家族企业总经理不是家族成员时，更有利于减少超额控制权。

3. 超额控制权的中介效应分析

（1）中介效应检验方法

关于中介效应的检验方法起源于Baron和Kenny（1986）提出的因果逐步进行中介效应检验，但是近几年随着国内外学者对逐步分析法的质疑，目前普遍认为bootstrap法直接检验系数乘积成为更好的选择（温忠麟，2014）。如图5-3所示，该方法的前提是自变量与因变量之间的回归系数（a）必须显著。在确定自变量与因变量之间的回归系数（c）显著的前提下，依次检验自变量与中介变量、中介变量与因变量回归系数（a 和 b）是否显著。如果都显著，则间接效应显著，检验直接效应是否显著。否则进行 bootstrap 法检验 H_0：$ab=0$。若显著，则间接效应显著；若不显著，结束检验。检验直接效应是否显著主要是检验加入中介变量之后，自变量与因变量的回归系数（c'）是否显著，如果不显著，直接效应不显著，只有中介效应；如果显著，比较 ab 与 c' 的符号。ab 与 c' 同号，则存在部分中介效应，并报告 ab/c；ab 与 c' 异号，则存在遮掩效应。

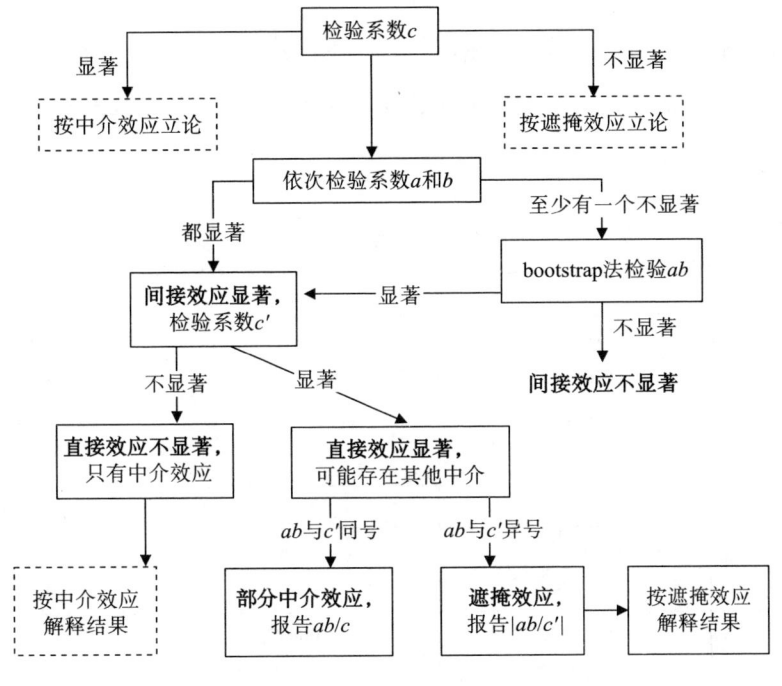

图 5-3　温忠麟中介效应检验流程

（2）中介效应实证结果

表 5-9 是超额控制权作为中介变量的回归结果。结合模型（5-1）、

模型（5-2）、模型（5-3）的回归结果，以下根据温忠麟的 bootstrap 法流程图检验超额控制权的中介效应。第一步，在模型（5-1）中，风险投资与家族企业价值正相关，回归系数 $c=0.0240$，通过 10% 水平的显著性检验，条件满足，开始下一步检验；第二步，在模型（5-2）中风险投资与超额控制权负相关，回归系数为 $a=-0.0595$，通过 1% 水平的显著性检验，在模型（5-3）中，超额控制权与家族企业价值负相关，回归系数为 $b=-0.0291$，通过 5% 水平的显著性检验，假设 H3 得到证实，条件满足，间接效应显著，开始下一步检验；第三步，在模型（5-3）中，风险投资与家族企业价值正相关，回归系数 $c'=0.0223$，通过 10% 水平的显著性检验，直接效应显著；第四步，比较 ab 与 c' 的符号。ab 与 c' 符号相同，存在部分中介效应。间接效应与直接效应的比值 $ab/c'=(-0.0595)\times(-0.0291)/0.0223=7.76\%$，中介效应为 7.76%。

表 5-9　　　　　　　　　　中介效应模型回归结果

变量	M1	M2	M3
	TobinQ	EC	TobinQ
VC	0.0240*	-0.0595***	0.0223*
	(1.83)	(-3.38)	(1.69)
EC	—	—	-0.0291**
			(-2.35)
lnage	0.0431***	0.0035	0.432***
	(3.27)	(0.20)	(3.28)
Fxfy	-0.1393***	-0.0685***	-0.1413***
	(-10.75)	(-3.75)	(-10.93)
Education	0.0549***	-0.0012	0.0550***
	(4.46)	(-0.07)	(4.46)

续表

变量	M1	M2	M3
	$TobinQ$	EC	$TobinQ$
$Chairate$	0.0218*	-0.0271	0.0210*
	(1.78)	(-1.50)	(1.72)
Ind	-0.0626***	0.0104	-0.0623***
	(-4.72)	(0.61)	(-4.69)
$Djcc$	-0.0566***	0.0434**	-0.0553***
	(-4.45)	(2.42)	(-4.35)
$lnsize$	0.0903***	0.0754**	0.0925***
	(3.98)	(2.26)	(4.06)
Lev	-0.3908***	0.0765***	-0.0386***
	(-29.52)	(3.53)	(-29.25)
Dj	0.0415***	-0.0549***	0.0399***
	(3.69)	(-2.67)	(3.53)
Zj	0.0106	-0.0493**	0.0091
	(0.82)	(-2.57)	(0.71)
Roe	0.2651***	0.0744***	0.2672***
	(15.52)	(4.23)	(15.60)
$Year$	控制	控制	控制
$Constant$	11.73***	0.200***	11.91***
	(12.20)	(4.68)	(12.40)
Observations	3207	3207	3207
$R-squared$	0.501	0.034	0.502

注：*代表变量系数在10%水平下显著；**代表变量系数在5%水平下显著；***代表系数在1%水平下显著；系数下方数字为t值。

5.4.5 稳健性检验

1. 替换两权背离度

本章借鉴唐建荣等（2018）研究两权背离度的指标，用两权背离率(现金流权/控制权)替代两权背离度(控制权-现金流权)作为衡量股东层面超额控制权的变量,以此进行稳健性检验。替代指标两权背离率,现金流权与控制权比值小于1,两权背离率越接近于1,表明超额控制程度越低,实证结果未发生实质性变化。具体结果如表5-10所示。

表5-10　　　　　　　　稳健性回归结果

变量	M1	M2	M3
	$TobinQ$	EC	$TobinQ$
VC	0.0240*	0.0393**	0.0224*
	(1.83)	(2.2327)	(1.7028)
EC	—	—	0.0398***
	—	—	(3.3828)
$lnage$	0.0431***	0.0182	0.0424***
	(3.27)	(1.0455)	(3.2237)
$Fxfy$	-0.1393***	0.0971***	-0.1432***
	(-10.75)	(5.1012)	(-11.0572)
$Education$	0.0549***	0.0105	0.0546***
	(4.46)	(0.5826)	(4.4314)
$Chairate$	0.0218*	0.0459**	0.0120
	(1.78)	(2.5522)	(1.6344)
Ind	-0.0626***	-0.0217	-0.0617***
	(-4.72)	(-1.3275)	(-4.6429)
$Djcc$	-0.0566***	-0.0696***	-0.0538***
	(-4.45)	(-3.6800)	(-4.2271)
$lnsize$	0.0903***	-0.0608*	0.0927***
	(3.98)	(-1.9303)	(4.0657)
Lev	-0.3908***	-0.0812***	-0.3876***
	(-29.52)	(-3.8289)	(-29.1840)
Dj	0.0415***	0.0454**	0.0397***
	(3.69)	(2.2843)	(3.5249)

续表

变量	M1	M2	M3
	$TobinQ$	EC	$TobinQ$
Zj	0.0106	0.0483**	0.0086
	(0.82)	(2.5149)	(0.6744)
Roe	0.2651***	-0.0489***	0.2679***
	(15.52)	(-2.7824)	(15.6224)
$Year$	控制	控制	控制
$Constant$	11.73***	0.3971***	11.4945***
	(12.20)	(4.16)	(11.9593)
Observations	3207	3207	3207
$R-squared$	0.501	0.502	0.503

注：* 代表变量系数在10%水平下显著；** 代表变量系数在5%水平下显著；*** 代表系数在1%水平下显著；系数下方数字为 t 值。

2. 替换风险投资介入变量

风险投资在投资家族企业的过程中，往往会通过谋求协议获得董事会的席位，本章借鉴熊家财等（2018）对风险投资派驻董事的变量定义，替换风险投资介入变量。如果家族企业董事会中存在风险投资方派出的代表，那么 $VCboard=1$，反之 $VCboard=0$。实证结果未发生显著变化，风险投资向家族企业派驻董事，抑制了企业超额控制权，推动了家族企业价值的提升。具体实证结果如表5-11所示。

表5-11　　　　　　　　稳健性回归结果

变量	M1	M2	M3
	$TobinQ$	EC	$TobinQ$
$VCboard$	0.0289**	-0.0790***	0.0266**
	(2.23)	(-4.85)	(2.03)
EC	—	—	-0.0283**
	—	—	(-2.29)

续表

变量	M1	M2	M3
	$TobinQ$	EC	$TobinQ$
$lnage$	0.0440***	0.0016	0.441***
	(3.35)	(0.09)	(3.36)
$Fxfy$	-0.1377***	-0.0718***	-0.1397**
	(-10.91)	(-3.94)	(-11.08)
$Education$	0.0541***	0.0015	0.0542***
	(4.38)	(0.08)	(4.39)
$Chairate$	0.0232*	-0.0316*	0.0224*
	(1.90)	(-1.73)	(1.83)
Ind	-0.0616***	0.0075	-0.0614***
	(-4.63)	(0.44)	(-4.61)
$Djcc$	-0.0557***	0.0406**	-0.0546***
	(-4.38)	(2.26)	(-4.29)
$lnsize$	0.0906***	0.0738**	0.0937***
	(3.98)	(2.21)	(4.06)
Lev	-0.3915***	0.0784***	-0.03893***
	(-29.54)	(3.62)	(-29.25)
Dj	0.0397***	-0.0500**	0.0383***
	(3.54)	(-2.45)	(3.40)
Zj	0.0104	-0.0483**	0.0090
	(0.81)	(-2.52)	(0.71)
Roe	0.2658***	0.0726***	0.2678***
	(15.56)	(4.13)	(15.64)
$Year$	控制	控制	控制
$Constant$	11.73***	11.21***	11.49***
	(12.35)	(0.935)	(12.54)
Observations	3207	3207	3207
R-squared	0.501	0.502	0.503

注：* 代表变量系数在10%水平下显著；** 代表变量系数在5%水平下显著；*** 代表系数在1%水平下显著；系数下方数字为 t 值。

3. 缩小样本

考虑到家族企业定义比较广泛，本章按照更严格的控制权标准来定义家族企业，将控制权标准定为20%，即控股家族对家族上市公司的持股比例不得低于20%，得到了3136个观测值，然后对这3136个观测值进行重新回归分析，其结果没有实质性变化。数据回归结果如表5－12所示。

表5－12　　　　　　　　稳健性回归结果

变量	M1 $TobinQ$	M2 EC	M3 $TobinQ$
VC	0.0256* (1.93)	－0.0598*** (－3.36)	0.0237* (1.78)
EC	— —	— —	－0.0313** (－2.51)
$lnage$	0.0413*** (3.09)	0.0026 (0.15)	0.0414*** (3.10)
$Fxfy$	－0.1389*** (－10.65)	－0.0721*** (－3.90)	－0.1411*** (－10.84)
$Education$	0.050*** (4.19)	－0.0016 (－0.09)	0.0520*** (4.19)
$Chairate$	0.0220* (1.79)	－0.0297 (－1.63)	0.0211* (1.72)
Ind	－0.0563*** (－4.20)	0.0057 (0.33)	－0.0561*** (－4.18)
$Djcc$	－0.553*** (－4.33)	0.0430** (2.37)	－0.0539*** (－4.22)
$lnsize$	0.0900*** (3.95)	0.0739** (2.21)	0.0923*** (4.03)
Lev	－0.3921*** (－29.28)	0.0771*** (3.54)	－0.3897*** (－29.01)

续表

变量	M1	M2	M3
	$TobinQ$	EC	$TobinQ$
Dj	0.0393***	-0.0577***	0.0375***
	(3.43)	(-2.78)	(3.26)
Zj	0.0113	-0.0490**	0.0098
	(0.87)	(-2.52)	(0.76)
Roe	0.2652***	0.0723***	0.2675***
	(15.46)	(4.05)	(15.56)
$Year$	控制	控制	控制
$Constant$	11.87***	0.215***	12.08***
	(12.07)	(4.88)	(12.30)
Observations	3136	3136	3136
R-squared	0.503	0.035	0.504

注：* 代表变量系数在10%水平下显著；** 代表变量系数在5%水平下显著；*** 代表系数在1%水平下显著；系数下方数字为 t 值。

5.5 本章小结

5.5.1 研究结论

中国民营经济的飞速发展推动了越来越多的家族企业走向 IPO 的道路，在家族企业逐步走向公众的过程中，也暴露出越来越多的弊端，而中国 IPO 制度越发成熟使家族企业的弊端在 IPO 的过程无限放大，形成阻碍，因此企业规范化成为致力于企业走向证券市场的家族创始人们的迫切目标。风险投资的发展与民营经济发展几乎同时起步，风险投资机构急需通过推动企业 IPO 来获得投资回报以及行业内的声誉，而家族企业急需风险投资的资金支持与治理结构方面的增值服务从而促使家族企业规范化,更符合中国 IPO 的要求。两者的结合有其实际意义,本章正是基于此理论背景选择家族上市公司作为研究样本,探讨企业超额控制权在风险投资与家族企业价值之间的中介效应,分析风险投资的作用路径与作用机理。

相关研究结论如下:

第一,风险投资对家族企业的增值作用显著。学术界普遍认为风险投资存在两种效应,一种是对企业存在增值作用的监督和认证效应,一种是对企业存在消极作用的逐名和逆向选择效应。本章实证研究发现,风险投资对家族企业的增值效应占主要方面,存在风险投资支持的家族上市公司的企业价值高于没有风险投资支持的家族上市公司的企业价值。

第二,风险投资降低企业超额控制权,抑制控股家族的超额控制程度。大部分家族企业通过金字塔结构以及交叉持股等方式,构建股权控制链,导致控制权与现金流权相分离,形成家族在股东层面的超额控制。风险投资进入家族企业,购入股权,减少了家族对上市公司的持股比例,一方面减弱了控制权,另一方面减弱了现金流权,根据超额控制权的计算定义,控制权与现金流权背离度降低,即控股家族的超额控制程度降低。

第三,控股家族对企业的超额控制降低了企业价值。实证结果表明,超额控制程度越高,控制权与现金流权背离度越高,控股家族更有动机与能力去实施隧道挖掘行为,侵害中小股东利益。当超额控制程度越低,控制权与现金流权背离度越低,甚至控制权与现金流权相等时,家族更倾向采用支持效应来提高企业价值,获得所有权带来的现金流收益。

第四,超额控制权在风险投资和家族企业价值之间存在中介效应。

实证结果表明，风险投资通过削弱控股家族的超额控制程度，继而形成风险投资的增值效应，促进了企业价值增加。

5.5.2 建议

为更好地发挥风险投资在家族企业中的增值效应，本章根据超额控制权与风险投资和家族企业价值之间存在中介效应的基础上，结合我国民营家族经济与风险投资发展的最新状况，提出以下几点建议：

第一，积极做好风险投资机构筛选工作。高声誉且经验丰富的风险投资机构作为行业内的标杆，掌握优质的资源，能够发挥监督和认证作用，增值效应明显；在成立时长短且经验缺乏的风险投资机构中，逐名效应明显，该类型风险投资支持的家族企业往往不够成熟，不利于家族企业的长期发展。家族创始人在寻求风险投资支持时，要积极做好了解工作，筛选合适的风险投资机构，尽可能获得行业内声誉高的风险投资机构支持。并且，在引入风险投资机构时，签订好相应的保护条款，以保证风险投资机构真正通过改善公司财务管理、提高公司品牌价值等增值服务来提高企业价值。

第二，家族应处理好风险投资机构对家族的碰撞而产生的矛盾。风险投资对家族企业的"去家族化"必然会带来阵痛，控股家族企业必须认识到企业在发展壮大过程中，凭借血缘关系构建的家族管理与经营网络会跟不上企业的发展而失去其本来的积极作用，甚至会因为这种网络掣肘企业的壮大，因此，这种"去家族化"是家族企业规范化的必然选择。此外，家族基于传承角度会注重对于控制权的保护，而风险投资机构为了防止自己拥有的股权被稀释，两者基于股权之间会产生谈判，家族应针对控制权做好平衡措施。一方面，风险投资机构会和家族企业签订保护性条款，另一方面，家族应主动降低对企业的超额控制。

第三，完善相关法律制度，加强监管。针对家族上市公司，首先，完善信息披露制度。例如，完善家族实际控制人特征信息披露制度，明确披露家族股东大会层面的超额控制权；明确家族亲属与企业的关联行为以及在家族股权控制链中的持股比例，家族整体的持股比例更有实际意义。其次，制定有关超额控制权的法律。根据行业或者其他特征限制实际控制人的超额控制，遏制隧道挖掘行为。

针对风险投资机构。首先，完善风险投资行业相关法律法规，促进风险投资机构行业有序稳定发展，创造良好的外部环境。其次，加大风险投资行业投资民营家族企业减免税政策支持，增加其积极性，推动风险投资与民营经济结合。最后，加强对风险投资行业的监管，遏制风险投资对高投资回报的非理性追逐，规范运作流程并提高从业人员素质，使风投行业理性化、规范化。

第 6 章 反向混改下国有股权对家族企业控制权的影响及其财务后果

6.1 引言

6.1.1 研究背景与意义

1. 研究背景

从 20 世纪 90 年代开始,我国正式提出建立社会主义市场经济体制,中国民营经济的发展突飞猛进,家族企业作为民营经济的重要组成部分也经历了一个由无到有、从小到大的过程,中国家族企业的崛起速度令世界瞩目。2013 年,党的十八届三中全会明确提出:"国有资本、集体资本、非公有资本等交叉持股、相互融合的混合所有制经济，是基本经济制度的重要实现形式"。2018年，国务院正式公布《关于推进国有资本投资、运营公司改革试点的实施意见》，首次明确了国有资本投资、运营公司的功能定位、组建方式、授权模式等，为国有资本进入民营企业规范化运营制定了政策指导。2019年，国务院发布《中央企业混合所有制改革操作指引》，专门为"通过股票市场实施混合所有制改革"明确规则，涵盖了发行证券、上市公司股份转让、国有股东与上市公司资产重组等多种混改实施路径。

目前，国内大部分研究主要关注国有企业层面的混合所有制改革。经过多年改革，经济体制不断完善，大量国企参与混合所有制改革，通过剥离不良辅业，采用整合优质资源组建公司的方式成功上市，已经有许多成功的案例（如中粮集团有限公司、物产中大集团股份有限公司等），这与我国以公有制经济为主体的基本经济制度是密切相关的。由于国家政策鼓励与企业发展要求的双重驱动，通过引入非国有资本改善国有企业的经营状况，一直是混合所有制改革的主流方向与目的。然而，根据全国工商联2015年的统计数据可知，民营企业数量占比超过70%，税收缴纳数额占据总额的一半以上，超过GDP总额的60%，并且提供了80%的居民就业岗位，吸纳了90%的每年新增就业人员，在增加财政收入、支撑经济增长、扩大就业规模、促进社会创新等方面发挥着举足轻重的作用。因此，结合我国目前的企业结构来看，民营及家族企业反向混改也是混合所有制改革的一个重要方向。

根据国务院国有资产监督管理委员会数据统计，截至2019年，我国国有资产总额的半数及以上在中央和地方两个层面都进入了公众化的上市公司，不少民营控股上市公司开始出现国资背景，其中，以广东深圳、北京、浙江等地国资收购最为突出。民营企业的混合所有制改革将成为新一轮改革的热点，其中，典型的代表是由家族控股的混合所有制企业（例如，2016年北京北斗星通导航技术股份有限公司引入国家集成电路基金作为战略投资者；2018年合力泰科技股份有限公司引入福建国有企业资本进行重要组改革等）。家族企业作为我国非公有制经济的重要组成部分，关于家族企业如何反向参与混合所有制改革的问题，值得进一步研究。

与一般类型的民营企业相比，家族股权高度集中、家族成员掌握所有权和经营权是家族企业的治理特色。在混合所有制改革中，家族企业主要关注其话语权的稳固，而国有企业更关注国有资本能否保值增值，如果两种不同属性的资本力量无法有效协调，可能会引发控制权争夺的问题，损害双方利益。因此，在家族企业引入国有资本后，建立一种相互制衡的机制，既能够充分发挥家族企业在混合所有制改革中的市场活力，又能保证其合理性和自身话语权，还能够防止国有资产的流失，最后减少双方摩擦，促进互利合作，才能更好地推动我国的混合所有制改革。本章将运用案例分析的方法，寻找能够合理安排控制权的模式，研究在家族企业反向混改过程中控制权安排的动因和过程，最后进行同行业对比，分析其财务后果。

2. 研究意义

科学合理地探究变化的动因、经过和后果，对变化前后的控制权安排进行详细的比较分析，能够促进作为经济发展重要推动力的家族企业对我国经济发展和社会稳定作出更大的贡献。综上所言，本章的案例研究具有理论和现实的双重意义。

在理论意义方面，家族企业更具有市场活力，而随着混合所有制改革的深化，国有企业也在经历由行政化治理到市场化治理的转变。家族企业引入国有资本能够缓解融资困境，但也会由于治理理念不同，导致控制权、企业经营效率、财务政策等方面发生变化。因此，本书聚焦于家族企业反向混改财务后果与对策的探讨，同时，进一步拓展公司治理理论和资源基础理论，为学术界补充在中国情境下的独特案例。

在现实意义方面，本章从民营企业的角度出发，分析在国有资本参与家族企业治理的情况下，如何进行控制权安排从而形成有效抗衡的企业股权结构和灵活高效的市场化运行机制，从而探究出适合其他企业借鉴的改革模式，以提升家族企业参与反向混改的质量。对家族企业反向混改路径的探究和推广，有利于我国市场经济的全面深化改革，同时促进企业资本结构的改善。

6.1.2 概念界定

1. 反向混改

我国混合所有制改革的实施去除了以往所有制结构中存在的单一性、封闭性、凝滞性等弊端。从宏观层面来看，混合所有制主要是以一种公有制企业为经济主体，多种所有制共同发展的经济体制；从微观层面来看，混合所有制是一种不同产权属性的资本在企业内相互融合与渗透的现代企业组织模式。

国有企业引入非国有资本，形成国有控股或者国资部分参股的股权结构是一种典型的混合所有制改革方向。随着理论的深化和实践的不断深入，目前有学者提出了混合所有制改革的另一个方向——非国有企业引入国有资本，形成非国有企业控股的股权结构，即反向混合所有制改革。

目前，学术界对反向混合所有制改革缺乏明确的概念界定。本书认为反向混改有以下特点。首先，非国有企业引入国有资本进行反向混改会形成两种结果：非国有控股型民营企业和民营企业国有化。其次，非国有企业成为混合所有制改革的重要力量，引入国有资本的目的在于改善非国有企业的公司治理水平。最后，国有企业更多是参与经营，这种身份具有长期性和干预性。

本书谈论的反向混改主要就是从微观层面、企业层面上的以非国有企业（家族企业）与国有企业作为混改双方的企业内部的混合，所选取的案例企业为典型的家族控股型混合所有制企业（陈建林，2015），即家族所有权和非控股国有股权逐步形成相互融合的混合股权结构。

2. 控制权安排

控制权的合理安排是提升公司治理水平的前提和基础，而经济学强调提高效率的关键就在于处理好权利的冲突和制衡。由此可见，合理的控制权安排是公司治理得以优化的重要保障。控制权安排涵盖了企业股东、董事会、管理层相互之间的权利制约与权利分配。学者们主要从股东控制理论、管理层控制理论、利益相关者控制理论来探讨控制权安排。

本书主要研究家族企业参与反向混改的控制权安排，不仅涵盖家族企业实际控制人、混改对象持股比例及股权性质等内容，还涵盖了企业董监高席位的设置、员工持股计划等方面的内容。

6.1.3 研究思路与研究内容

本书以家族企业万里扬集团有限公司（以下简称万里扬）为研究对象，主要研究家族企业反向混改后如何进行控制权安排，以及在家族控股型混合所有制企业中，家族企业如何利用好国有股权带来的优势，从而促进企业治理水平和业绩的提升。首先，本书针对万里扬家族企业混改前的固有弊端进行分析，研究其在"资源需求动机"下是否会寻找外部力量支持（如国有企业）来解除家族性质的限制，同时，在国家混改政策不断深化的背景下，分析国有企业出于"政府扶持动机"是否会选择进入家族企业。其次，从万里扬引入奇瑞汽车股份有限公司（以下简称奇瑞）作为第二大股东的混改过程中，探析家族企业和国有企业对控制权安排的倾向性。最后，通过同行业对比，分析家族控股型混合所有制企业的控制权安排会产生怎样的财务后果。

本章主要研究内容如下：

第1节介绍研究背景与意义，对相关概念进行界定，并介绍研究思路与框架以及主要创新点。

第2节整合了社会情感财富理论、委托代理理论、资源基础理论，从家族企业治理特征、家族企业反向混改动因、反向混改对家族企业控制权安排的影响三个角度对国内外相关文献进行总结、论述，并且形成初步的概念性分析框架。

第3节介绍家族企业万里扬的发展状况，从家族企业摆脱治理困境和建立政治关联等角度探究万里扬反向混改的动因，并梳理万里扬引入国有股权的始末。

第4节从万里扬家族企业反向混改后的股权结构、董事会与高管的构成、治理效率三个方面的变化来探讨家族股权和国有股权并存时的控制权安排，并与宁波双林汽车部件股份有限公司（以下简称双林股份）进行对比。

第5节将万里扬与双林股份在不同控制权安排下的财务业绩和财务政策进行对比，最后归纳了万里扬控制权安排对财务后果的作用机制。

第 6 节为本章小结,从家族企业、国有企业、政府三个主体出发,对我国家族企业参与反向混改这一模式发表意见,提出展望。

6.2 理论分析框架与研究设计

本章从国家政策引导下的家族企业参与反向混改的情景出发,研究家族股权与国有股权之间的控制权安排。根据现有研究,总结出在家族绝对控股型企业中,保证家族股权与国有股权合理安排的手段,确定家族控股型的混合所有制企业形成后,探究该种控制权安排对公司财务后果的影响机制。理论分析框架构建与研究设计如下。

6.2.1 理论分析框架

1. 家族企业反向混改的控制权安排理论分析

家族股权与国有股权的控制权安排是通过协调和制衡不同利益主体的意志、权利和期望而实现的,而控制权安排事实上是不同利益主体订立的契约机制,目的就是保障各方权益又能互相牵制。因此,企业要实现这样的制衡机制,就必须进行合理的控制权安排。

目前,国内外学者分别从股东层面、董事会层面和管理层层面来研究和探讨控制权安排。家族股东在引入国有股东时会采取必要的控制权安排手段,常见的手段包括:股权结构安排、董事会及高管构成安排、员工持股计划和混改对象选择。

控制权安排具体表现如下。

(1) 股权结构安排

家族股东与国有股东在股权结构的安排上有不同的股权比例选择，可能会产生不同的结果。若家族股东作为控股股东，国有股东持股比例很小，两种股权相差悬殊，则公司治理依旧保持家族特色，国有股权难以发挥治理效应；若家族股东作为控股股东，但国有股权作为非控股大股东，可以在一定程度上限制家族股东短视行为，参与公司治理，既能够保留家族企业的市场活力，又能够发挥国有股权的公司治理效应，保证公司决策合理化、治理结构科学化。

（2）董事会及高管构成安排

在家族绝对控股的企业中，董事会及高管席位大多都为家族成员所拥有，控制权安排有鲜明的排他性。随着国有股权在家族企业反向混改的过程中不断进入，家族企业的"一言堂"开始瓦解，国有股权获得一定的话语权。因此，国有股权会安排自身的利益代表进入家族企业董事会或者要求增加独立董事席位，从而改善家族企业董事会的治理状况。在公司决策上，国有股权能够获得一定的投票权，与家族企业成员进行互相制约，弥补制度缺陷，降低家族企业追求社会情感财富的短视行为所带来的风险。

（3）员工持股计划安排

除了家族成员外，还有部分非家族成员担任公司关键职位，实施员工持股计划，就是将家族股份分享给非家族成员，将核心员工的利益和家族利益捆绑在一起，从而稳定核心人员，减少核心人员与家族成员之间的摩擦，能够将高管个人利益与企业利益绑定，从而降低代理成本。

（4）反向混改对象的选择

从资源基础理论来看，家族企业引入国有股权主要目的在于获取国有企业的资源及条件。家族企业在挑选反向混改目标时，主要按照企业市场占有率、经营方向的相似性，或者按照经营理念和公司治理水平的相似性，或者看反向混改对象在发展战略和经营业务层面能否与家族企业步调保持一致（例如采用签署战略合作框架协议等方式加强合作）等标准。

综上所述，家族控股型的混合所有制企业给予了国有股东适当的股权份额，安排国有股东利益代表进入董事会及管理层中，给予投票权，同时开展员工持股计划，选择能够产生协同效应的反向混改对象，通过这些控制权安排的制度设计，家族股权与国有股权在家族企业中共同发挥治理效应。

2. 反向混改下家族企业控制权安排对财务后果的作用机理分析

长期以来，家族企业都是在国家政策制度的引导下，引入国有股权进行反向混合所有制改革。从20世纪80年代开始，国家开始在制度层面倡导不同性质的资本交叉持股，相互融合。2019年，国务院明确发行证券、上市公司股份转让、国有股东与上市公司资产重组等多种混改实施路径。例如，万里扬为了保持行业龙头地位，参与反向混合所有制改革，通过引进国有股权，提升公司的融资和投资等方面的经营能力，从而创造积极的财务后果。具体作用机制如图6-1所示。

（1）家族企业公司治理结构改善，为企业投融资行为奠定基础

完成反向混改后的家族企业能够合理配置国有股东的董事会席位数和经营决策投票权，既能够使国有股东参与生产决策，也可以避免家族企业国有化，丧失市场活力。具体体现在董事会人员数目及构成性质的变化，独立董事发表意见更加独立，监事会更能发挥监督作用。与家族企业在发展过程中公司治理水平的自然优化相比，在反向混改强制推动下，公司治理水平可以更快速、更全面、更有效地得到优化。

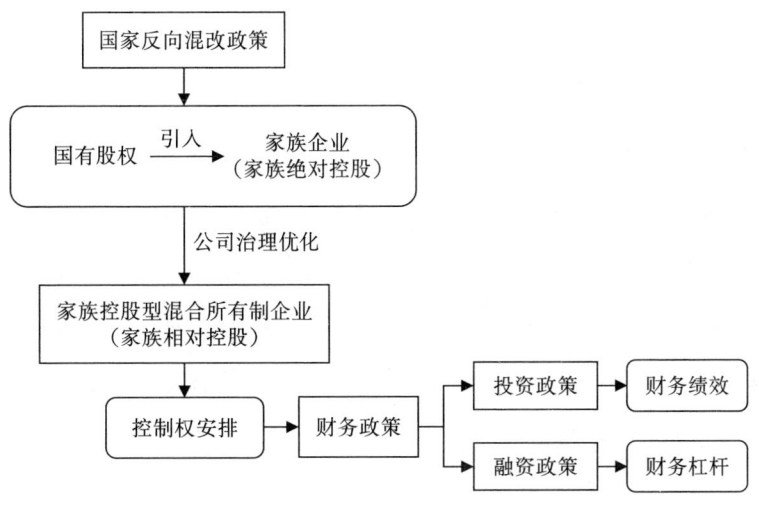

图 6-1 概念性理论框架

(2) 家族企业积极参与并购投资，投资收益提升

家族企业的不同利益主体通过行使投票权、获得董事会席位等方式参与公司的经营决策，不同资本力量互相牵制能够使不同意见尽快达成一致，从而提高家族控股型混合所有制企业投资决策的科学性。事实上，大部分家族企业都面临着如何提高投资决策科学性的难题，成熟且可行的投资决策体系可以帮助家族企业规避盲目投资，进一步提升投资效率和投资回报率。

(3) 家族企业拓宽融资渠道，降低财务杠杆风险

长期以来，家族企业都是以自有资本进行企业经营，获得银行融资的门槛相对较高。家族企业为了发展，往往会借入大量长期借款，导致资产负债率居高不下，影响企业的偿债能力。国有股权能够帮助家族企业改善资本结构，增加股权融资的比例，减少长期负债，从而扩宽家族企业的融资渠道，稳定或降低财务杠杆。

6.2.2 研究设计

1. 研究方法与案例选择

本书采用两个案例对比的方法分析上市家族企业反向混改后作出的控制权安排以及该种制度安排对上市家族企业经营和治理的影响。主要原因在于：首先，尽管近年来我国民营企业引入国有股权的案例屡见不鲜，但受到数据限制，对该问题的研究难以用大样本实证的研究方法进行考察；其次，采用大样本实证研究该问题存在较严重的内生性问题，无法控制资本类型以及家族企业规模、制度、管理层性质等关键因素，难以揭示国有股权对上市家族企业经营和治理的影响。

本书选择的两个案例具有许多共同特征，作为家族企业的万里扬和双林股份均涉及变速器产生，而且万里扬和双林股份都在国家政策取消之后出现了经营不善的问题。然而，面对汽车行业整体业绩下滑的局面，万里扬和双林股份产生了截然不同的结果，这为后续分析家族企业反向混改所形成的混合股权结构对公司治理和经营业绩的影响提供了对比条件。因此，本案例中两个家族企业不同控制权安排得出不同的财务后果，为研究奇瑞国有股权进入万里扬家族企业后，万里扬对控制权安排的变化所引起的财务绩效和财务风险变化提供了典型的研究样本，弥补了家族企业反向混改以及控制权安排等方面的研究空白，加深资本市场的利益相关者对典型家族企业——万里扬引入国有股权的真实动机及家族企业如何设计合理的控制权安排制度从而维持企业日常经营的理解。

2. 数据来源与分析思路

本书采用的案例相关资料及数据主要来源于万里扬、双林股份公开发布和披露的公司定期报告、重大事项报告以及使用互联网搜索的相关信息。案例分析思路如图6-2所示。

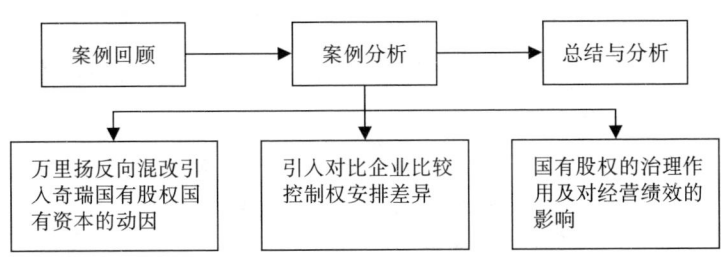

图6-2 案例分析思路

本案例的分析思路如下：首先，本书将回顾万里扬引入奇瑞国有股权的整个过程，梳理案例发展的时间线和脉络，探究万里扬选择奇瑞进行反向混改的动因；其次，从多个角度出发，对比分析2016—2019年万里扬和双林股份的控制权安排；再次，结合万里扬和双林股份的市场表现及财务状况，本书利用事件研究法和财务分析法，探究国有股权发挥的治理效应对家族企业市场表现及经营业绩的影响；最后，在与对比企业进行比较分析的基础上总结结论、提出建议。

6.3 案例背景

6.3.1 汽车零部件制造业发展现状

1. 行业环境分析

万里扬主要从事乘用车与商用车的变速器生产，处于汽车零部件制造业中的细分行业——汽车变速器行业。我国的汽车变速器行业始于1952年，汽车变速器有多种不同的分类方法，从操纵方式的角度进行划分，主要分成手动变速器、自动变速器和手动自动一体变速器三种类型,如表 6-1 所示。未来,人们对汽车操作的安全性和简便性会设立更高的标准,更符合大众需求的自动变速器将迎来巨大的消费市场。汽车变速器行业的供应商主要是钢材企业及有色金属企业,而客户主要就是汽车企业(包括乘用车和商用车)。变速器作为汽车零部件,汽车企业的需求对变速器行业的影响较大。

表 6-1　　　　　　　　汽车变速器分类及属性表

类型	属性
强制操纵式变速器	手动变速器(Manual Transmission,MT)。通过驾驶员用手操纵变速杆来选定挡位。驾驶员直接操纵变速器的换挡机构进行挡位变换。
自动操纵式变速器	自动变速器分为AT(传统自动挡)、DCT(双离合)、CVT(无级变速)三种。自动变速器的自动控制系统根据发动机的负荷和车速的变化情况自动地选定挡位,并进行挡位变换,即自动地改变传动比。驾驶员只需要操纵加速踏板控制车速。
手动自动一体变速器	这种变速器可以自动换挡,也可以手动换挡。

汽车变速器作为整车重要组成部件,其周期性基本上与汽车行业保持一致的。汽车作为大宗耐用品,其消费受宏观经济影响,汽车行业与宏观经济波动相关性比较明显。近年来,国内经济增速放缓,汽车行业在转型升级过程中面临较大的压力。自 2016 年以来,我国汽车销量增速持续下滑,特别是 2018 年首次出现了负增长。2019 年,由于国际贸易摩擦、新能源汽车补贴减少、国六排放标准实施、"大吨小标"专项治理、消费者收入情况和消费信心下降,年产销量依旧呈现负增长,汽车变速器的销售情况总体趋于良好,但受汽车销量下降的影响,增速有所放缓。汽车零部件产业和车企的市场预期并不乐观,

如图6-3、图6-4所示。

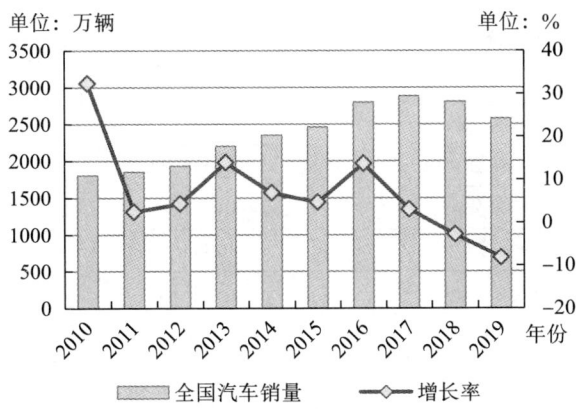

图6-3 2010—2019年全国汽车销量及其增长率

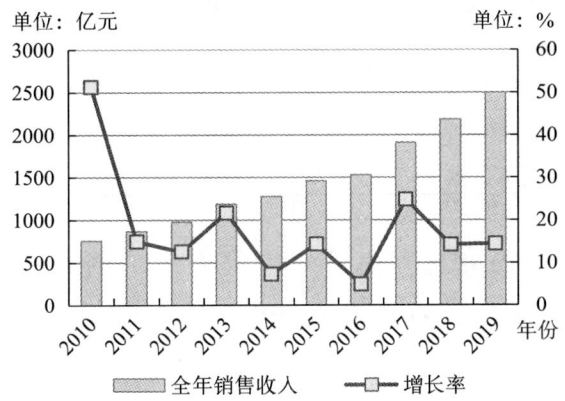

图6-4 2010—2019年全国汽车变速器销售额及其增长率

2. 行业企业情况

根据盖世汽车网统计，国内变速器总成生产上市企业情况如表6-2所示。截至2019年，我国汽车变速器行业的企业数量为915家，生产变速器总成的国内企业共216家，上市企业共15家。

表 6-2　　　　　　　　国内变速器总成生产上市企业

名称	股票代码	企业性质
湖南科力远新能源股份有限公司	600478.SH	民营非家族企业
南京越博动力系统股份有限公司	300742.SZ	民营非家族企业
浙江中马传动股份有限公司	603767.SH	家族企业
潍柴动力股份有限公司	000338.SZ	国有企业
长城汽车股份有限公司	601633.SH	国有企业
浙江万里扬股份有限公司	002434.SZ	家族企业
北京汽车股份有限公司	01958.HK	国有企业
重庆市旺成科技股份有限公司	新三板 830896	家族企业
重庆长安汽车股份有限公司	000625.SZ	国有企业
宁波双林汽车部件股份有限公司	300100.SZ	家族企业
蓝黛科技集团股份有限公司	002765.SZ	家族企业
浙江吉利控股集团有限公司	00175.HK	家族企业
杭州前进齿轮箱集团股份有限公司	601177.SH	国有企业
上海汽车集团股份有限公司	600104.SH	国有企业
隆鑫通用动力股份有限公司	603766.SH	家族企业
比亚迪股份有限公司	1211.HK	民营非家族企业

绝大多数的国内变速器生产厂家都得到了国家"高新技术企业"的扶持，其中有 20 家国有控股企业、93 家民营企业，其余的企业都为合资企业或外资独资企业，可见国外资本在变速器行业非常活跃，占据了很大部分的市场。在《中国汽车报》公布的 2015 年中国汽车零部件百强企业中，陕西法士特汽车传动集团公司、浙江万里扬股份有限公司、中国重汽集团大同齿轮有限公司等生产变速器总成的厂商均上榜。

关于混合所有制改革方面，大部分国有性质的变速器企业正积极参与正向混合所有制改革，即国企引入民间资本进行混合所有制改革。例如，陕西法士特汽车传动集团公司与美国伊顿公司进行战略合资、引进美国卡特彼勒公司技术和资金,而涉及反向混合所有制改革的仅有浙江万里扬股份有限公司一家,其余民营企业尚未有混改计划。

6.3.2 万里扬家族企业发展现状

1. 万里扬经营状况

浙江万里扬股份有限公司(002434.SZ,以下简称万里扬)成立于1996年7月,并于2010年在深圳证券交易所成功上市。黄河清和吴月华夫妻二人通过持有第一大股东万里扬集团99%股份及第三大股东金华市众成投资有限公司64.05%股份,成为万里扬实际控制人,并且将两名以上家族成员安排在董、监、高职位上,由此可以判断,浙江万里扬属于典型的家族企业。

万里扬的经营范围涵盖研制、生产、销售汽车变速器及其他汽车零部件等,是中国汽车变速器行业龙头企业,也是中国汽车变速器行业第一家上市公司。万里扬是国内首家实现产品覆盖商用车、乘用车两大市场的企业,拥有国家认定企业技术中心、省级重点企业研究院、省级博士后科研工作站,被列入浙江省第一批"三名"工程培育试点企业。值得一提的是,万里扬在发展过程中实施了很多并购,其中与吉利和奇瑞相关的两起并购案对万里扬的发展具有战略性意义。万里扬正式上市的第二年就全资收购了台州吉利发达汽车变速器有限公司,吉利手握国内MT生产最核心的技术。2015年万里扬与吉利签订了合作框架协议,收购了吉利汽车拥有的乘用车(手动)变速器生产线;2016年万里扬全资收购拥有国内CVT技术的领先企业——芜湖奇瑞变速箱有限公司,取得了乘用车(自动)变速器生产线。这两起并购案夯实了万里扬变速器的龙头地位。

经过20多年的发展,公司规模不断扩大,现已在浙江、山东、安徽三个省份设置了五大变速器生产基地,同时客户群体拓展到海外市场,除了奇瑞、吉利、比亚迪、北汽福田、中国重汽、一汽解放等主要国内客户外,产品也远销印度、巴西等地。目前,公司实行"53211"发展战略,即通过5年的努力,乘用车变速器实现年销量300万台,其中自动挡变速器200万台;商用车变速器实现销量和销售额翻1倍,以加大研发投入、加强人才培养、加快产品质量提升为手段,实现世界一流汽车零部件企业的目标。截至2019年年末,万里扬拥有10余家子公司、6000多名员工,总资产约109亿元人民币,年度营业收入超51亿元人民币,相关产品市场占有率位居前列。

2. 万里扬股东构成

截至2015年年末,万里扬股东构成如表6-3和图6-5所示。

表6-3　　　　　　　　万里扬股东构成情况

股东名称	持股人性质	持股比例(%)	备注
万里扬集团有限公司	境内非国有法人	33.27	创始人占股99%
香港利邦实业有限公司	境外法人	27.85	实控人为创始人姊妹
金华市众成投资有限公司	境内非国有法人	5.18	创始人占股64.05%
陈建	境内自然人	1.87	—
南华期货股份有限公司-南华期货融鼎扬帆9期资产管理计划	其他	1.64	—
中央汇金资产管理有限责任公司	国有法人	1.07	—

万里扬前三大股东分别为万里扬集团有限公司、香港利邦实业有限公司、金华市众成投资有限公司,持股比例分别为33.27%、22.85%、5.18%。根据企查查的查询结果,黄河清和吴月华夫妻二人

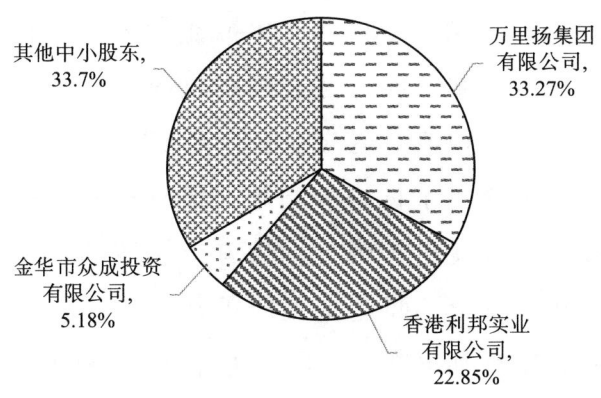

图 6-5　2015 年年末万里扬前十大股东持股比例

通过持有第一大股东万里扬集团 99% 的股份及第三大股东金华市众成投资有限公司 64.05% 的股份，实际持有万里扬 56.12% 的股份，创始人黄河清成为万里扬实际控制人。再加上第二大股东香港利邦实业有限公司实际控制人为吴妙贞，即创始人姊妹，这样一来，万里扬 61.3% 的股份都掌握在实际控制人黄河清手中。

近些年来，第二、第三两大股东并无实业方面的运作，可以估计这两家公司是创始人黄河清用来集中万里扬控制权的途径。不难看出，万里扬早期的股权非常集中，即使是中小股东，许多也与创始人黄河清有着千丝万缕的联系，这是家族企业非常显著的特征。从早期的股权结构来看，万里扬家族企业的封闭性很强，自我管理意识浓厚，外部资本进入难度很大，但是一旦创始人萌生寻求外部资本的想法时，这种股权过于集中的局面又能很快得到改善。

3. 万里扬管理模式

万里扬参与反向混改之前，其管理模式具有鲜明的家族色彩。万里扬早期采取的是高度集权的直线制管理模式，家族企业创始人黄河清掌握董事会话语权，既抓生产经营，又抓销售，几乎所有大大小小的事务都要找创始人决策。在古典型家族企业阶段,直线制管理模式具有便于推行、决策机制果断、易于控制风险等优点,在早期发展的几年中,为万里扬迅速积累了运营资金、人才资源和一定的市场基础,对万里扬的后续发展奠定了良好的基础。但是这种管理模式到了企业规范化发展阶段,劣势就比较明显。随着市场波动,万里扬内部管理层级过多、分支机构繁杂、职能交叉严重、人员冗余等弱点导致管理效率低下,经营、销售都出现了问题。万里扬早期治理架构如图 6-6 所示。

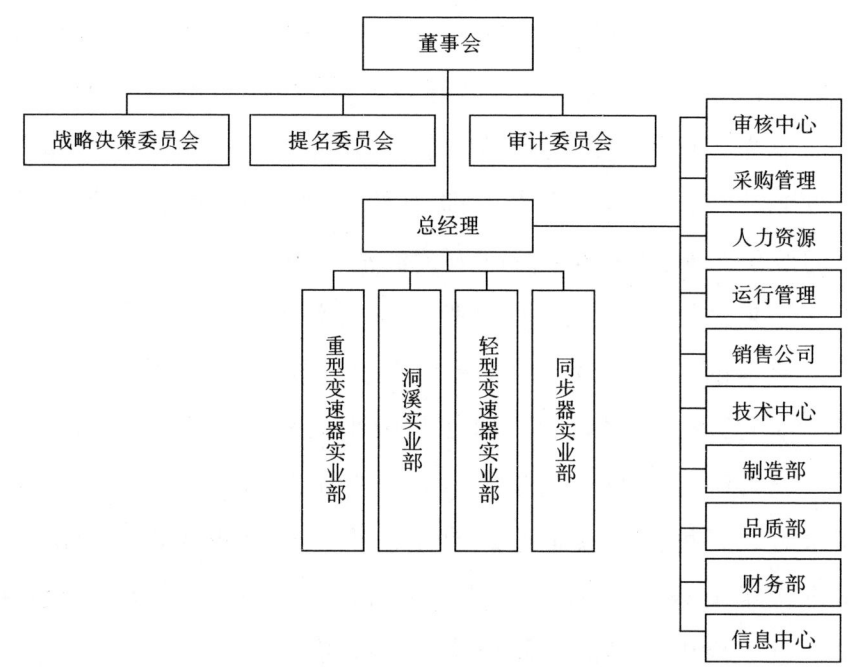

图 6-6 万里扬早期治理架构

从 2010 年上市初期到 2015 年参与反向混改前夕,万里扬的组织架构发生了巨大的变动。万里扬起初设立了 6 家子公司,经营范围均在制造业领域,一直到 2015 年,万里扬对组织架构进行大刀阔斧的改革，一共设立 11 家子公司，经营范围从制造业扩展到了农业化工业及金融业，事业版图越来越宽，如图 6-7 所示。

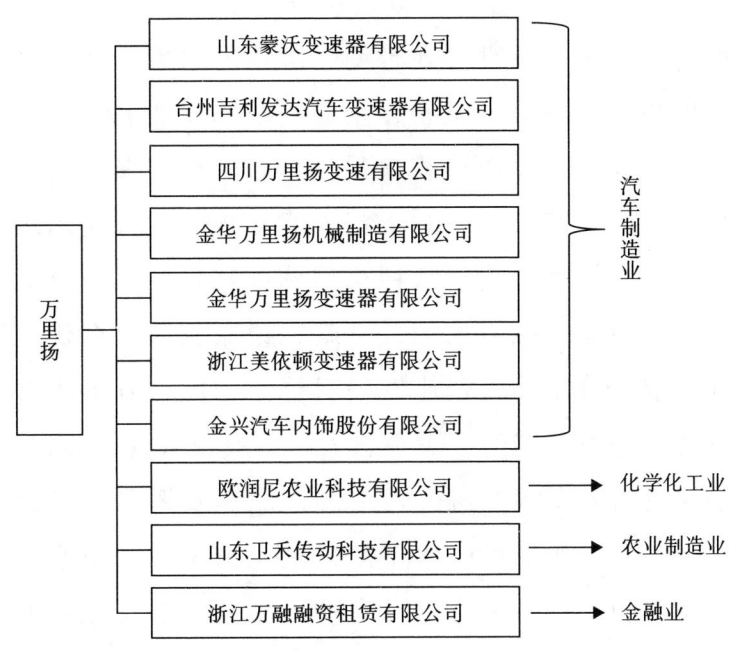

图 6-7　2015 年万里扬组织架构

6.3.3　万里扬反向混改的动因

1. 改善股权结构，提升治理水平

（1）股权结构失衡

与大部分家族企业一样，万里扬在进行反向混改之前，股权结构比例严重失衡，这主要因为万里扬的绝大部分股份都掌握在家族企业创始人黄河清手中。家族创始人的绝对控股使万里扬在公司治理中以家族意愿为决策依据，此种决策从根本上来讲依赖于黄河清家族的综合素质、业务知识和管理经验。而万里扬作为一家以生产汽车零部件为主的制造业企业，其下游就是整车厂商，国内目前使用自主品牌变速器的整车厂商大多数为大型国有企业，万里扬自主品牌变速器的发展更多是要考虑国有性质整车产商的市场需求。

家族创始人的绝对控股对处于创立阶段的家族企业来说是利大于弊的，决策果断、亲缘关系紧密、企业利益和家族利益的统一……这些因素都能帮助家族企业快速积累早期资本，夯实基础。但是随着家族企业规模的扩大，亲缘关系对于想要建立规范化公司治理制度的企业来说反而会形成一种阻碍，从社会情感财富理论的角度看，大多数家族成员是谋求短期情感需求的，也就是说家族成员会优先满足家族利益，这种需求很可能背离企业发展目标。因此，万里扬在反向混改之前的股权结构是不合理的，需要引入国有股权来规范股权结构。

万里扬通过引入奇瑞参与公司治理，能够发挥国有股权的治理效应，提高治理水平，如果单单依靠家族企业力量，公司治理依旧会受到短期情感需求的制约。同时，奇瑞的入驻还能够优化企业的董事会治理结构，有利于化解家族企业"一股独大"的现象，并制衡家族成员的话语权，满足家族企业规范化经营的需求。

（2）公司治理机制不完善

在通常情况下，家族企业存在以下的委托代理关系：家族大股东—董事会—管理层。万里扬于2010年上市之后重新发布公司章程，明确了董事会是公司的最高决策机构，公司的重大投资事项只有经董事会决策委员会集体讨论才能最终通过。因此，董事会能够监督公司决策的执行。但是，从实际治理情况看，创始人黄河清拥有绝对控制权，且其他家族成员也能够参与决策，企业经营完全按照家族意愿进行。万里扬公司治理家族色彩浓厚，企业治理主体权责不够明晰，董事会被家族意愿干预，独立性被削弱，未能发挥应有的决策作用。

在万里扬 2015 年的董事会结构中，包含黄河清在内共有 6 名非独立执行董事，其中 3 名董事与黄河清存在亲属关系，也就是说，黄河清的任意一项决策都能得到 4 票及以上的赞成票。董事会自主决策能力弱，万里扬的所有重大决策都体现的是黄河清及其家族成员的意志；同时，万里扬的高级管理人员大多都是家族成员，治理机制存在缺陷。此外，监事会成员也是黄河清亲属，很难发挥监督作用。

而经过注入国有资本，奇瑞成为万里扬的长期利益相关方，作为第三大股东，能够对公司的治理结构起到制衡作用。奇瑞在获得万里扬股份后，对其董事会和监事会都委派了专门人员，在治理机构中占有一席之地，进而影响企业重大决策。国有背景的股东在企业的投融资、生产经营、股利分配等各项重要决策中都必须维护自己的利益，这就能够化解家族成员的绝对控制。国有股权在家族企业作出各项决策时，还起到了监督与制衡的作用，而且国有股权与家族股权的相互协作与沟通也是国家政策所倡导和支持的。同时，国有股东能够对企业日常经营提供建议与指导，与万里扬在决策和经营方面步调一致，共同发展，提升家族企业价值，达成利益相关者利益最大化的目标。

2. 拓宽融资渠道，缓解资金压力

（1）存货积压严重，占用流动资金

万里扬的存货主要包含钢材、生铁、废钢等原材料以及变速器相关的在产品和产成品。其中，原材料成本占生产成本的比例很大，且存在价格变动和供应不及时的风险，因此万里扬采购原材料进行囤积，占用了大量流动资金，增加了企业的压力。另外，生产出的产成品若不能及时销售，将导致存货周转率越来越低。在通常情况下，存货的变现能力比较弱，如果无法及时变现，这对急需要资金的万里扬来说，无疑是种压力。

如图 6-8 所示，2010—2015 年，万里扬存货占流动资产的比重接近 15%，存货周转天数虽然有波动，但是都保持在一个较高的水平，说明存货周转周期长、周转速度慢、变现能力弱。然而，万里扬当时正处于业务扩张和抢占市场的成长阶段，急需大量的流动资金弥补缺口。如果万里扬通过引入奇瑞股权，可以在短期内取得国有资本的支持，获得相应的财政补助，并且较为容易地获得利率较低的银行贷款募集大量资金，缓解其资金压力，对于企业日常生产发展的稳定具有重要作用。

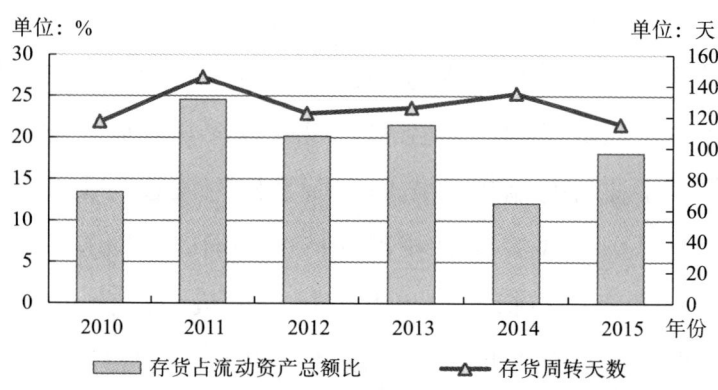

图 6-8　2010—2015 年万里扬存货比重及存货周转率情况

（2）长期债务比例过大，偿债能力弱

从短期来看，万里扬进行生产性支出、研发性开支、人工工资开支都会涉及大量的现金流。从长期看，自万里扬上市以来不断进行并购扩张，而这类资金主要依靠长期债务，万里扬的长期偿债能力也存在风险。如图 6-9 所示，万里扬在反向混改之前，资产负债率历年都在增加，没有下降的迹象，并且越来越接近警戒线，企业非常有可能陷入资不抵债的危机中。万里扬在这几年中投入大量人力、物力研发变速器技术的同时，也不断参与并购进行业务领域的扩展，其中的大部分资金都依靠债务维持。2015年，万里扬的资产负债率一度超过60%。万里扬在这一年参与了多项对外投资活动，使该年度筹资活动产生的现金流量净额较2014年度增长558.34%。大量的长期债务增加了万里扬的财务风险，使万里扬可能面临资不抵债的局面。因此，在面临内外部双重财务压力下，万里扬需要通过引入国有股权来扩宽融资渠道，缓解债务危机，增强抵抗风险的能力。

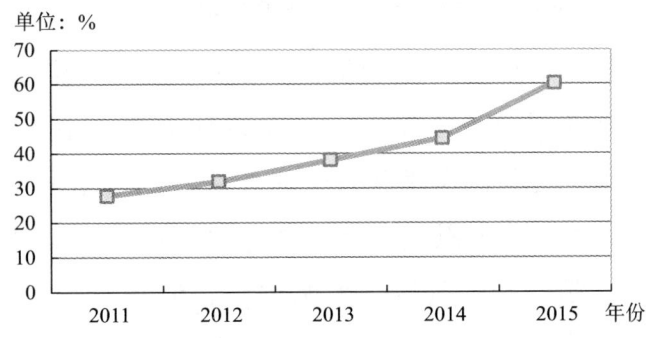

图6-9 2011—2015年万里扬反向混改前资产负债率情况

3. 弥补业务缺口，扩大市场规模

（1）乘用车变速器业务发展处于劣势

结合当时的市场情况来看，随着生活水平的提高和对美好生活的向往，消费者对乘用车的需求不断增加。从图6-10中可以看出，我国乘用车需求总量占汽车需求总量的比重不断增加，乘用车市场非常广阔，与之相匹配的乘用车变速器行业将是一片蓝海。

为了迎合市场需求，上市第一年万里扬就确立了新的业务发展目标——巩固中卡变速器市场，扩大微卡、高端轻卡和重卡变速器市场，发展乘用车变速器市场。为了发展乘用车变速器技术，万里扬募集资金投资了"年产50万台乘用车变速器项目"，这是万里扬第一次接触

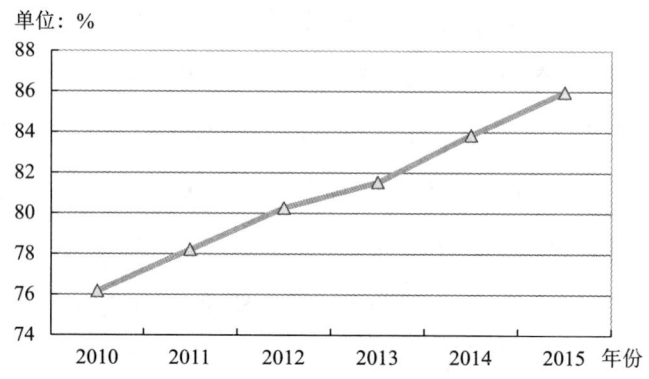

图6-10　2010—2015年我国国内市场乘用车需求占汽车总需求比重

乘用车变速器领域。但是，当时的状况是外资大举入驻中国汽车市场，国内中小型企业受到技术限制，无法在自动变速器市场上展开竞争，外资凭借其资本、技术、管理等方面的优势，基本垄断乘用车变速器市场。在万里扬尝试进入乘用车变速器市场的头几年，主要攻克的是乘用车手动变速器技术，虽然有大幅增长，但是市场份额依旧很小，对营业收入贡献很少，基本上还是依靠传统的商用变速器业务。2010—2015年万里扬乘用车变速器收入如图6-11所示。

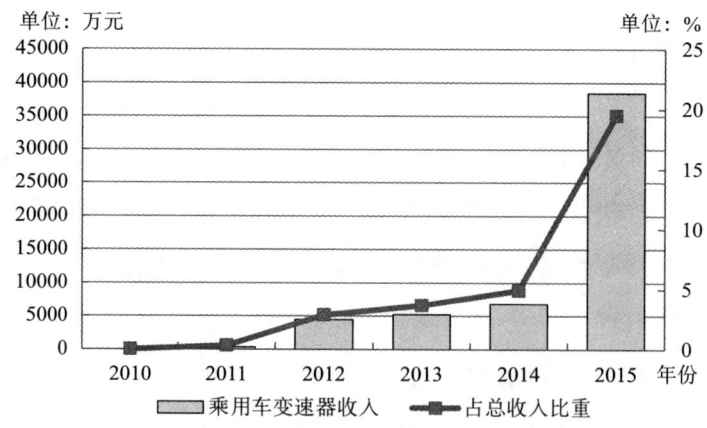

图6-11　2010—2015年万里扬乘用车变速器收入情况

但现实的情况是中国手动变速器的市场份额在逐年下降，万里扬攻克的乘用车手动变速箱技术难以满足乘用车市场的客户需求，乘用车自动变速箱技术依旧是万里扬的短板。自2005年开始一直到2015年，中国乘用车市场中手动变速器的份额已从65%直线降低到53%，与此同时，自动变速器的份额从35%快速上升至47%。手动和自动变速器在中国乘用车市场的份额对比如图6-12所示。

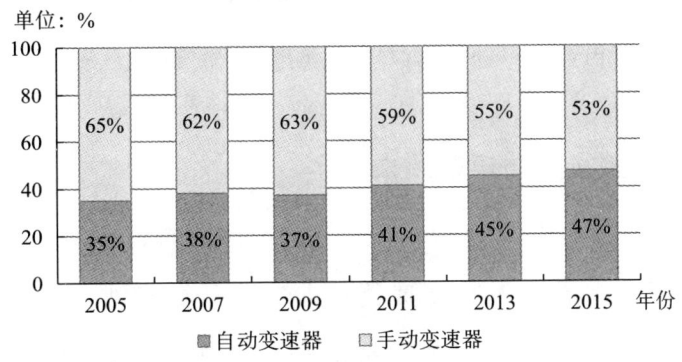

图6-12 手动变速器和自动变速器在中国乘用车市场的份额对比

(2) 以国内客户为主，海外市场规模小

由于外资进入，国内品牌遭受打压，越来越多的客户倾向于选择外资或者合资品牌的产品。为了赢得市场，许多国内汽车厂商将生产基地和销售区域扩大到东南亚地区。因此，万里扬势必要扩大海外市场，争取更多的客户群体。但是万里扬一直以来都是以内销为主，几乎不涉及海外市场，没有外销经验，直到上市后才开始着手建立海外市场。万里扬参与反向混改前的海外市场规模如图6-13所示。2011—2015年，海外市场收入虽然有所增加，但是占营业总收入的比重可以忽略不计，在海外市场，万里扬完全没有竞争优势。

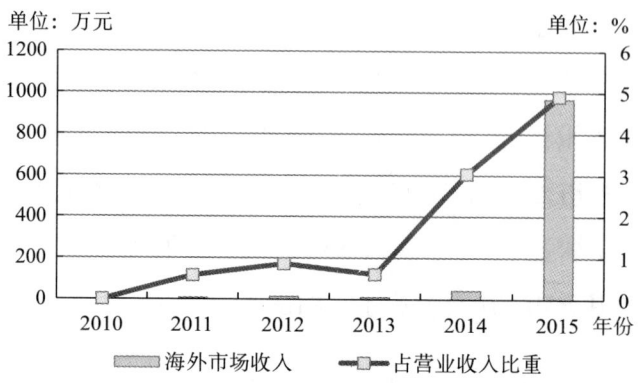

图 6-13 2010—2015 年万里扬海外市场收入情况

6.3.4 万里扬反向混改始末

6.3.4.1 布局阶段：加强政治关联

从行业层面来看，汽车变速器行业容易受到宏观经济波动的影响，而国家政策的干预对维持宏观经济的稳定至关重要，例如，2010 年国家对汽车行业的税收优惠政策极大地刺激了消费者的购车需求，而税收优惠政策取消时，汽车销量下滑明显。从企业层面来看，汽车变速器企业半数以上为国有企业控股，留给民营企业的剩余市场规模很小，万里扬作为一家家族企业与垄断性国企之间不存在竞争的可能性，因此，万里扬在成立期初就已经萌生了与国有资本进行合作的意愿，寻求国有资本的帮助，扩大市场规模。

1. 业务上的关联

2011 年 8 月 15 日，万里扬董事会对外报告了《关于对外投资暨对北京福田环保动力股份有限公司进行增资的议案》，拟投入企业自有资金 3000 万元继续对北京福田环保动力股份有限公司（以下简称北京福田）进行增资扩股。万里扬采用资金入股的方式，成为北京福田的第六大股东,稳定了与下游企业之间的业务往来。根据历年年报显示,北汽福田汽车股份有限公司均为万里扬第一大客户,平均每年销售总额超过 40 亿元,占万里扬全年销售总额比重为 20% 以上,同样对于北京福田来说,万里扬成为其主要供应商。这是万里扬与国有企业进行合作的第一次尝试。

2015 年 6 月 19 日,万里扬对外发布《关于与中国人民解放军装甲兵工程学院签订战略合作框架协议的公告》,拟与军方协同合作研发具有世界领先水准的坦克装甲车辆综合传动装置、装甲车辆以及共同搭建人才培养与技术交流发展平台,建立产、学、研长期合作关系。这项举措正好迎合了 2015 年政府倡导的军民融合专项行动计划,万里扬由此建立了军方政治关联。

2. 资金上的关联

2013 年 3 月 15 日,万里扬委托中国工商银行金华铁岭头支行向金华金三角新城开发建设有限公司(浙江金东经济开发区财政局 100% 持股)贷款人民币 2 亿元,贷款时长为 1 年,贷款年利率 17.03%。同年 5 月 31 日,万里扬委托中国民生银行金华分行向金华金西投资开发有限公司(浙江金西经济开发区财政局 100% 持股)贷款人民币 5 亿元,贷款时长为 2 年,贷款年利率 15%。

2015 年,国务院办公厅审议公告了《关于加快融资租赁业发展的指导意见》。万里扬坚决贯彻落实国家倡导的推进城镇化建设和发展融资租赁业相关政策,通过子公司浙江万融融资租赁有限公司(以下简称万融融资租赁)与浙江省财政厅控股的财通证券股份有限公司签订"战略合作协议书",协议约定双方协作加快推进浙江省内各市县基础设施和公共服务事业建设,建立融资租赁长期稳固的协作关系。同年

10月，万融融资租赁与环境保护部下属的中环国投控股集团有限公司拟定战略合作协议，双方就共同协作推进形成具有中国特色的节能环保事业以及建立融资租赁长期稳定合作关系等事项达成一致。同年12月，万里扬投入人民币2.9亿元与金华融盛投资发展集团有限公司（金华经济技术开发区管理委员会财政局100%控股）、浙江中网银新投资管理有限公司共同出资设立金华新隆股权投资合伙企业（有限合伙），经营范围涉及汽车（含新能源汽车）及汽车零部件生产。

通过以上分析可知，万里扬在参与反向混改的布局阶段就意在与国有背景的企业之间的关联，通过业务协同、资金援助等方式来强化政治关联。万里扬早在2012年就更改了子公司万融融资租赁的业务范围，涉足融资行业，其业务切入点主要为政府PPP项目、企业技术改造、城市基础设施建设和区域的优势行业等。在紧密与国有资本的联系过程中，万里扬被批准为浙江省第一批"三名"培育试点企业，并且获批金华市人民政府的财政资金补助2000万元（含省级补助1000万元）及重大技术攻关专项资金补助900万元（含省级补助150万元）。

6.3.4.2 调整阶段：重构业务版图

2010—2014年，万里扬的主要业务就是汽车零部件业务，为北汽福田汽车股份有限公司、吉利汽车集团有限公司、东风汽车股份有限公司、安徽江淮汽车集团股份有限公司、中国重型汽车集团有限公司、一汽解放汽车有限公司等整车厂商提供配套。2011年8月，万里扬收购山东临沂临工汽车桥箱有限公司，将核心聚焦在商用变速器的生产上，主要产品包括轻卡变速器、微卡变速器、中卡变速器等。在这一时期，万里扬业务结构单一，但经过几次革新，万里扬成为中轻型商用变速器领域的龙头企业。

2011年10月，万里扬收购吉利汽车集团有限公司旗下的台州吉利发达汽车变速器有限公司60%股权并进行增资，开始试水乘用车变速器行业。2015年3月，万里扬以人民币3亿元一举拿下吉利汽车控股有限公司拥有的乘用车变速器（包含5MT和6MT）生产线的所有固定资产和专利技术资格，从此万里扬掌握了国内变速器自主品牌的生产研发权。美中不足的是，万里扬收购的乘用车变速器技术只是手动版的，国内的自动版乘用车变速器技术主要掌握在奇瑞汽车手中。

2015年8月19日，万里扬收购了辽阳国跃投资有限责任公司以及韩国跃等三人持有的金兴汽车内饰股份有限公司70%的股份，宣布进军汽车内饰行业。金兴股份主要从事汽车零部件用模具以及车用方向盘、仪表盘、保险杠等汽车内饰件和外饰件的研发、生产、销售，主要客户包括华晨宝马汽车有限公司、北京奔驰汽车有限公司、华晨汽车集团控股有限公司、北京现代汽车有限公司、中国长安汽车集团有限公司、奇瑞汽车股份有限公司、江铃汽车股份有限公司等。万里扬发展汽车内饰业务可以在营销渠道和客户市场等方面与汽车变速器业务实现资源共享和优势互补，有助于进一步开拓市场领域，提高产品市场占有率，为公司创造新的发展空间。2015年10月，子公司万融融资租赁开始涉足融资租赁业务。

至此，在万里扬参与反向混改之前，公司的业务版图从单一的商用车变速器生产业务转变成为"以商用车变速器+乘用车变速器（手动版）生产为核心，以汽车内饰业务+融资租赁业务为辅"的全新业务版图，具体业务重构时间线如图6-14所示。

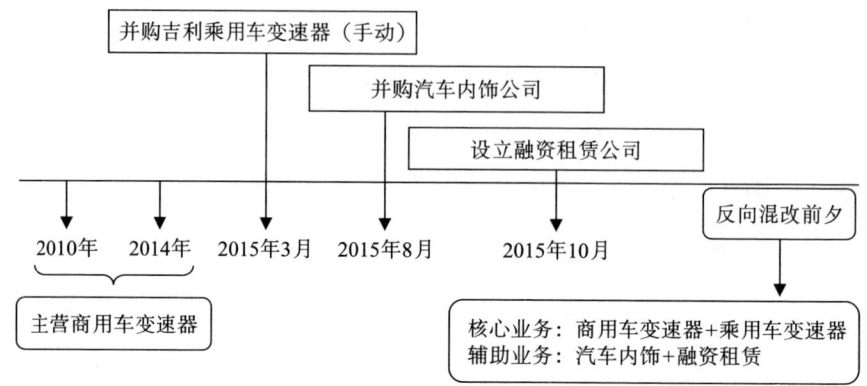

图 6-14　反向混改前的万里扬业务版图（2015 年）

6.3.4.3　实施阶段：实现反向混改

长久以来，我国国内汽车行业发展的关键就在于自动变速器技术。从中国汽车工业协会发布的数据看，国外产品已经占据了中国自动变速器市场超过 60% 的份额，乘用车市场自动变速器高度依赖外资企业，而我国自动变速器生产企业争取消费者市场的首要任务就是获得成熟的自主变速器研发技术。根据前瞻产业研究院统计，2016 年自动变速器在中国汽车市场的份额进一步提升到了 59%，预计未来将大幅度挤压手动变速器市场。面对巨大的市场需求和自主品牌乘用车自动变速技术的短板，万里扬将目光锁定在了拥有乘用车自动变速自主研发技术的奇瑞身上。当时，奇瑞致力于国家 863 计划重点项目，成功研发出 CVT 无级变速器，填补了我国 CVT 自主知识产权的空白。因此，万里扬选择了奇瑞国有股权作为反向混改的目标，具体过程如下。

1. 反向混改方案

（1）反向混改交易双方

交易主体：浙江万里扬股份有限公司。

交易对象：奇瑞汽车股份有限公司。

2016年,万里扬拟收购奇瑞旗下的子公司芜湖奇瑞变速箱有限公司（以下简称奇瑞变速箱公司）全套生产线,经营范围包含乘用车变速箱的研发、生产和销售,主要产品包括CVT系列和MT系列产品,主要为奇瑞各车型配套乘用车变速箱。

（2）反向混改内容

购买价款：万里扬以非公开发行股份及支付现金的方式向奇瑞购买奇瑞变速箱100%的股权,交易标价为26亿元。其中,万里扬以非公开发行股份方式向奇瑞合计支付16亿元,占购买价款的61.54%；以现金方式向奇瑞合计支付10亿元,占购买价款的38.46%。

支付方式：万里扬以非公开发行股份的方式向奇瑞发行股份约为1.653亿股,发行价格为9.68元/股,约占万里扬股份总数的12.24%。同时,万里扬向七名特定投资者以9.18元/股的价格发行股份募集配套资金,发行股票数量约为1.647亿股,募集配套资金约为15.12亿元。

2. 反向混改过程

2015年11月25日,万里扬对外公布重大资产重组停牌公告,宣告称为进一步加强企业主营业务发展、提高市场竞争力,拟以非公开发行股份及支付现金的方式购买奇瑞拥有的奇瑞变速箱公司旗下的汽车零部件生产固定资产及相关资料。出于谨慎性考虑,万里扬自公告日起连续停牌将近200天。

2016年4月22日,万里扬与奇瑞签署了"浙江万里扬股份有限公司与芜湖奇瑞变速箱有限公司现有股东奇瑞汽车股份有限公司之发行股份及支付现金购买资产协议",约定万里扬以向奇瑞非公开发行股份及支付现金相结合的方式取得奇瑞变速箱公司100%的股权。

万里扬于 2016 年 4 月 25 日发布了简式权益变动报告书（一）、关于权益变动的提示性公告、简式权益变动报告书（二），表明已经开始进行反向混改。2016 年 5 月 19 日，万里扬关于收购奇瑞变速箱公司 100% 股权的重组方案得到安徽省人民政府国有资产监督管理委员会的批复。2016 年 5 月 20 日，万里扬召开临时股东大会，以 99.9623% 的支持率通过了《关于公司发行股份及支付现金购买芜湖奇瑞变速箱有限公司 100% 股权的议案》。2016 年 10 月 21 日，该事项得到芜湖市工商行政管理局核准，万里扬完成了工商变更登记，并取得换发的营业执照。至此，万里扬以反向混改的形式引入奇瑞国有股权的相关事宜全部完成。

万里扬为此次反向混改合计发行新股约 3.30 亿股。公司第一股东仍然为万里扬，拥有约 3.84 亿股股份，占比 28.45%；第二大股东为香港利邦实业有限公司，持有约 1.96 亿股股份，占比 14.53%，约为第一大股东持股的一半；第三大股东为国有性质的奇瑞，持有约 1.65 亿股股份，占比 12.24%，第二大股东和第三大股东持股比例相当。万里扬创始人黄河清仍然能够通过直接或间接持股继续成为万里扬的实际控制人，其控股股东依旧为黄河清及其家族成员。万里扬通过引入奇瑞国有股权作为第三大股东，顺利完成反向混合所有制改革，从家族绝对控股企业转变成为家族控股的混合所有制企业。

6.4 万里扬家族企业反向混改后的控制权安排

6.4.1 反向混改后的万里扬控制权安排

1. 股权结构变化

从 2010 年上市开始，万里扬就开始布局和国有资本的合作，但是直到 2014 年，黄河清及其家族成员持股比例都没有发生重大变化。从 2015 年年末起，万里扬正式开始反向混合所有制改革，直到 2016 年正式引入奇瑞作为第三大股东，家族控股型的混合所有制企业才得以形成。

具体来说，2010—2014 年，万里扬前四大股东分别为万里扬集团有限公司、香港利邦实业有限公司、金华市众成投资有限公司及金华市瑞德投资有限公司，持股比例分别为 33.08%、31.58%、5.18%、5.18%。第一大股东和并列第三大股东之一的实际控制人均为黄河清，而第二大股东实际控制人是黄河清亲属，实际上黄河清直接或间接持有股份 69.84%，其他中小股东持股分散，几乎都是小于 1% 的持股比例；2015 年，原先的并列第三大股东之一的金华市瑞德投资有限公司减持股份 1.441%，退出十大股东行列。随后，第一大股东万里扬集团有限公司增持股份 100 万股，黄河清的妻子吴月华增持公司股份 61.58 万股，由此，黄河清的直接或间接持股比例上涨为 70.15%；2016 年 4 月，万里扬正式通过反向混改以股权和现金支付的方式引入奇瑞国有股权，同时开启第一期员工持股计划，此时，黄河清持股比例变为 46.98%，下降了 23.17%，而奇瑞持股 12.25%，成为第三大股东。相应地，原先的大股东香港利邦实业有限公司持股比例下降为 14.53%，因此，第二、第三两大股东持股差距缩小。万里扬反向混合所有制改革前后的股权结构变化如表 6-4、图 6-15 所示。

表 6-4　　　　万里扬反向混改前后股权结构变化　　　　　　单位:%

股东名称	2010—2014 年		2015 年		2016 年	
	持股占比	变动情况	持股占比	变动情况	持股占比	变动情况
万里扬集团有限公司	33.08	不变	33.27	上升	28.45	下降
香港利邦实业有限公司	31.58	不变	27.85	下降	14.53	下降
金华市众成投资有限公司	5.18	不变	5.18	不变	3.91	下降

续表

股东名称	2010—2014年		2015年		2016年	
	持股占比	变动情况	持股占比	变动情况	持股占比	变动情况
金华市德瑞投资有限公司	5.18	不变	3.74	下降	—	—
奇瑞汽车股份有限公司	—	—	—	—	12.24	上升
其他中小股东	24.98	不变	29.96	上升	40.87	上升

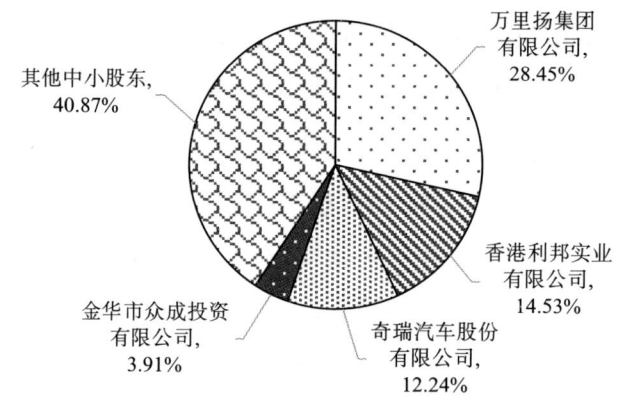

图 6-15 万里扬完成反向混改后的股权结构

在反向混改之前，万里扬的股权集中度很高，黄河清在公司具有绝对话语权。随着奇瑞国有资本的注入以及员工持股计划的实施，中小股东的持股比例不断上升，相应地，家族股权被削弱，但仍然处在控股地位。家族股东与其他类型的股东股权制衡度从最初的7:3变为了反向混改后的8:9，其中，家族股权和国有股权的股权制衡度约为4:1。万里扬完成反向混改后的主要股东性质如表6-5所示。

表6-5 万里扬完成反向混改后主要股东性质

股东名称	股东性质
万里扬集团有限公司	公司的发起人，实控人为黄河清
香港利邦实业有限公司	实控人为吴妙贞，黄河清亲属
金华市众成投资有限公司	实控人为黄河清
奇瑞汽车股份有限公司	国有企业，实控人为安徽省人民政府国有资产监督管理委员会

2. 董事会与高管构成变化

（1）董事会组织架构

早期的万里扬董事会结构只是一个雏形，公司治理随意性较强。随着反向混改的不断推进，董事会组织结构日益优化。2010年9月，万里扬对公司治理情况进行自查，主要问题就是董事会下设的审计委员会、提名委员会和战略委员会的作用没有充分发挥出来，尚未设立薪酬与考核委员会。随即万里扬订立具体工作规则，宣布成立薪酬与考核委员会。最终，董事会下属各级委员会明确了关于人员构成、职责分配、决策流程及规则等方面的全部准则。

9名董事（其中3名为独立董事）组成了万里扬的董事会，并设董事长1人。薪酬与考核委员会成员由包含独立董事在内的3名董事组成。薪酬与考核委员会主要负责制定万里扬董事及高级管理人员的考核标准并对其进行考核，以及负责制定、审查公司董事及高级管理人员的薪酬政策与方案，对董事会负责。提名委员会主要负责对万里扬补选董事进行任职资格审查。审计委员会监督和指导内部审计部门工作，审阅公司定期报告，监督检查公司内控制度，积极关注年报审计工作，对审计机构的年报审计工作进行评价，并建议续聘。战略委员会在制定战略、规划产业布局、选择业务方向、规避经营风险等方面为万里扬提供建议。

（2）关键人员变化

纵观万里扬反向混改全过程，关键人员在2010—2016年发生了比较大的变化，2016年后万里扬实施员工持股计划，关键成员结构基本保持稳定。因此，本书选取上市时期（2010年）、反向混改前夕（2015年）、反向混改完成时期（2016年）三个时期来观察董事会成员变化情况，如表 6-6 所示。

表 6-6　　　　　　　　　　董事会成员变化情况

职务	2010 年	2015 年	2016 年
董事	黄河清	黄河清	黄河清
	吴月华	吴月华	吴月华
	胡春荣	胡春荣	胡春荣
	吴妙贞	吴妙贞	顾勇亭
	任华林	任华林	刘杨
	黄仁兴	王维传	王维传
独立董事	俞小莉	卢颐丰	卢颐丰
	徐萍平	程光明	程光明
	吕岚	刘伟	刘伟
监事	吴羽飞	吴羽飞	葛晓明
	钱寿光	葛晓明	桑苇生
	徐小勤	徐小勤	刘方军

2010—2015 年，在董事会成员中，家族成员拥有 3 个及以上席位，占比大于三分之一。2010 年，董事黄河清、吴月华、黄仁兴、吴妙贞都存在亲属关系，监事吴羽飞、徐小勤也是黄河清家族成员。2015 年，黄仁兴辞去董事职位，由在北京福田担任副总经理的王维传接替，北京福田是万里扬的第一大客户。2016 年，万里扬董监高人数累计达到 17 人。

在混改完成后，万里扬的董事会成员人数维持在 9 人，包括 6 名董事、3 名独立董事。非独立董事任职万里扬集团总裁 1 人及执行总裁 1 人，金华市众成投资有限公司董事长 1 人，奇瑞汽车股份有限公司董事、副总经理兼财务执行总监 1 人，浙江吉利控股集团人力资源部部长 1 人，安徽省六安市政府决策咨询顾问 1 人。独立董事卢颐丰、程光明、刘伟分别为执业律师、机械专业教授、会计专业人士。在董事会决策时，每名董事会成员执行1人1票制度。董事的任职条件、选举流程、人员数量及构成均满足法律法规的要求。监事3名，葛晓明任万里扬监事会主席，桑苇生任奇瑞制造中心总监，刘方军为公司员工。在反向混改完成后，万里扬家族成员不再担任监事及高管职务。

从关键人员的变化中，可以明显看出，黄河清家族在董事会的绝对话语权被削弱，奇瑞不仅从股权层面对万里扬进行改革，还在公司治理层面施加影响。万里扬董监高设置从单一的家族成员变为国有企业成员和家族成员混合的形式，而随着万里扬股权过于集中的情况不断改善，董事会的决策更具有独立性和科学性。独立董事经董事会提名，经万里扬股东于股东大会讨论批准后进行委任，高管等关键职位由提名委员会事先审核，董事会讨论批准后进行委任。由此可见，在反向混改后，万里扬董事会作为企业的重要决策机构，逐渐发挥重要作用，不过，关键管理人员的提名依旧来自家族大股东，家族治理特征在反向混改中仍然得以保留。

3. 治理效率变化

（1）混改前后治理架构对比

万里扬在完成反向混改后，对治理架构进行了精简，职能部门从10个整合为5个，缩减了业务流程。万里扬总部设立五大管理中心，由经营管理委员会领导，在战略发展、财务管理、采购管理、人力资源、企业管理等方面分工合作、相互协调。万里扬还参考了奇瑞的事业部制度，成立四大事业部，包括商用车变速器事业部、乘用车变速器事业部、汽车内饰事业部和新能源事业部，整个治理架构从原来的直线制变成了事业部制,如图6-16所示。原先,所有的采购、生产、销售都要经过层层批准,各层次职能交叉严重,事业部制的优点就是抛弃了层层审批,每个版块都有自主采购和销售的权力,节约了业务处理时间,同时也很好地发挥了职能部门的作用,各管理中心和事业部职责明确,形成良性互动、协同发展,有效提升了公司的经营管理效率。

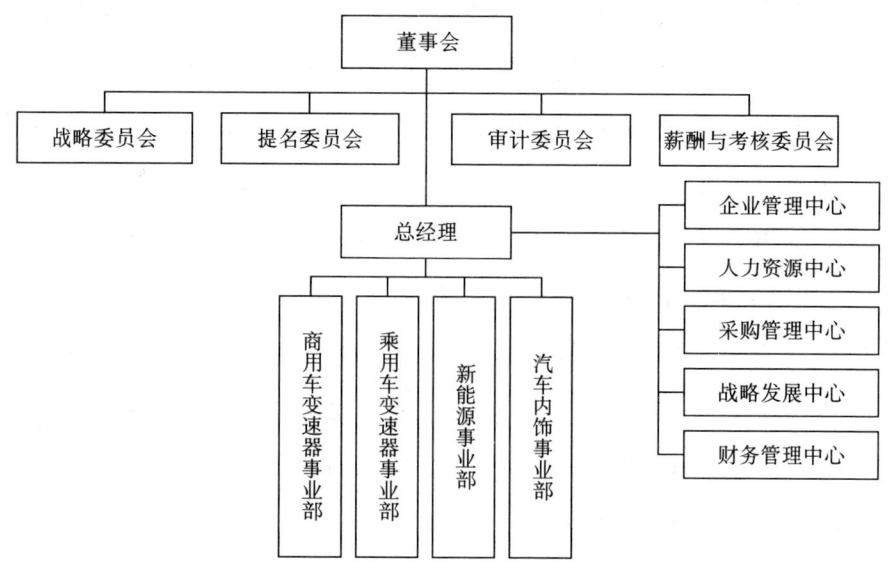

图6-16 万里扬完成反向混改后的治理架构

(2) 混改前后治理效率对比

事实上,治理效率可以用来评价企业是否有效解决因所有权和经营权分离而产生的代理问题,也可以将治理效率称为解决代理问题的效率,相关内涵可以概括为如何通过控制权安排来影响企业的日常经营决策,从而实现识别、判断和防范风险,最后达成增加企业价值、利益相关者利益最大化的目的。因此,改善公司治理结构、优化企业运行机制能够有效提高公司治理效率。公司治理的核心就是在一定的控制权安排情况下，积极为股东创造更多的财富，实现企业价值最大化。沈红波等学者（2019）提出可以从销售人员、管理费用、现金流等三个角度来比较公司的治理效率，这三个角度强调了企业的治理过程而非结果。公司的治理效率可以合理反映出万里扬反向混改的效果，具体可以从万里扬混改前后治理效率对比体现，如表6-7所示。

表6-7　　　　　　　　万里扬混改前后的治理效率

—	2014年	2015年	2016年	2017年	2018年	2019年
销售收入/销售人员（万元/人）	1105.60	962.44	1574.68	2028.23	1798.77	2487.80
销售毛利/销售人员（万元/人）	170.40	115.61	113.92	216.53	132.10	154.63
管理费用率（%）	8.44	8.58	8.17	3.55	4.55	3.85
应收账款周转天数（天）	139.49	148.58	141.17	139.38	172.59	146.82
应付账款周转天数（天）	130.73	207.74	198.25	159.25	156.27	173.83

从人均销售收入来看，2014—2015年，万里扬的人均销售收入从1105.60万元下降到962.44万元，数额下滑近13%，但是自从2016年进行反向混改以来，万里扬人均销售收入开始增加，到2019年年底，数额已经从原来的1105.60万元增加到了2487.80万元。人均毛利率的情况也类似，经历了2015年、2016年的小滑坡后，人均毛利率也出现了增长趋势。从管理费用的角度看，管理费用率是国内外学者普遍采用的衡量企业治理效率的一个重要指标。在混改之前，万里扬的管理费用率一直都大于8%，在混改完成后，管理费用率下降到了4%左右，万里扬管理效率显著提升。应收账款周转天数和应付账款周转天数可以用来评价公司管理现金流的能力。2014年万里扬的应付账款周转天数是应收账款周转天数的0.94倍左右，可以看出公司的

现金管理效率比较低，但是在反向混改结束后，万里扬的现金管理能力得到增强，直到 2019 年，应付账款周转天数是应收账款周转天数的 1.4 倍。

6.4.2 对比企业引入

1. 对比企业的选择依据

万里扬的反向混合所有制改革经历了三个阶段，股权结构从单一的家族股权转变成为"家族股权+国有股权+员工持股"的模式。在反向混改前夕，即 2015 年，黄河清家族掌握了万里扬 69.84% 的股权，剩余中小股东持股分散，均不超过 3%。因此，将 2015 年作为万里扬反向混改的原始年份，以 2015 年万里扬的发展状态为基准，依照以下四个标准选择对比企业：第一，所属行业与万里扬相同，为汽车零部件制造行业；第二，截至 2019 年 12 月 31 日从未进行反向混改；第三，2015 年的企业属性与万里扬相同，为家族绝对控股的主板上市公司；第四，2015 年的市场占有率与万里扬相近，即双方营业收入差距合理。

根据盖世汽车网资料，截至 2019 年，生产变速器总成的国内企业共 915 家，上市企业共 18 家，除去 2 家 ST 企业，还剩 16 家，其中家族企业共 7 家。2019 年，在这 7 家中，除去 1 家港股上市家族企业和 1 家新三板上市企业，主要的选择对象分别是"中马传动""双林股份""蓝黛传动""隆鑫通用"，具体情况如表 6-8 所示。由于中马传动上市时间为 2017 年，而万里扬反向混改时间为 2016 年，因此无法进行比较。用剩余 3 家的营业收入除以万里扬的营业收入得出营业收入比，根据营业收入比可以得知差异从小到大分别为"双林股份"

"蓝黛传动""隆鑫通用"。综上所述,万里扬的对比企业选择为"双林股份"。

表 6-8 万里扬对比企业情况

证券名称	上市时间	民营(家族)股权比例(%)	企业性质	营业收入(亿元)	营业收入比
万里扬	2010/6/18	70.15	家族绝对控股	19.73	1.00
中马传动	2017/6/13	—	—	—	—
双林股份	2010/8/6	54.05	家族绝对控股	24.72	1.25
蓝黛传动	2015/6/12	52.18	家族绝对控股	7.834	0.40
隆鑫通用	2012/8/10	49.42	家族绝对控股	70.43	3.57

2. 对比企业发展现状

宁波双林汽车部件股份有限公司始创于 1987 年,创始人为邬建斌家族,并于 2010 年 8 月在深圳证券交易所上市,和万里扬上市时间仅相差 2 个月。双林股份的控股股东双林集团股份有限公司(以下简称双林集团)持有双林股份 57.75% 的股份,邬建斌等家族 4 人通过宁波致远投资有限公司、宁海宝来投资有限公司间接控制双林集团 100% 的股权。另外,邬建斌直接持有双林股份 6.42% 的股权,因此,邬建斌家族直接或间接持有双林股份 64.17% 的股权(见图 6-17)。同时,家族成员在董事会中也占有 2 个席位。综上所述,双林股份与万里扬都为典型的家族企业。

双林股份归属于交通运输设备制造中的汽车零部件制造业,经营范围包含汽车饰件、轮毂轴承、变速箱等,公司先后获得国家火炬计划重点高新技术企业、国家企业技术中心、院士工作站等多项荣誉。公司超过 70% 的业务均依托自主开发的模具来实现,借助先进的模具设计技术,公司与佛吉亚集团、博泽集团、法雷奥集团、博世集团等

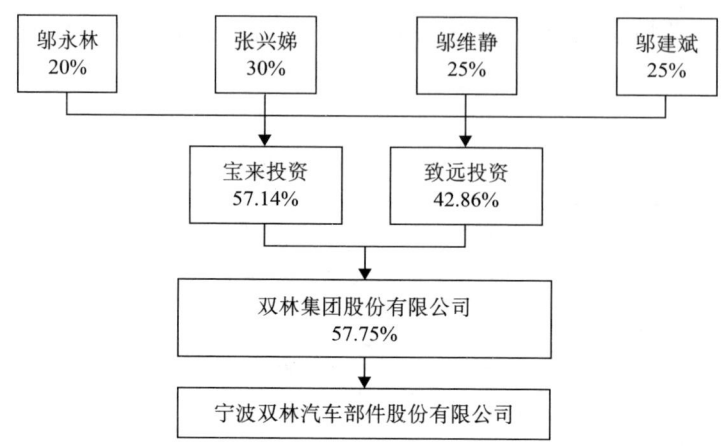

图 6-17 2010 年双林股份控制权情况

国际知名客户签订合作协议并入驻各大品牌的全球采购平台。在 2010 年上市之前，公司主要以汽车模具的生产制造为主，模具产品在业内知名度很高，2011 年公司开始生产轮毂轴承。2015 年控股股东双林集团收购 DSI 变速箱公司，生产变速箱产品，同时收购山东德洋电子科技有限公司，进军新能源汽车零部件行业。

在万里扬完成反向混合所有制改革之前，即 2015 年年末，双林股份营业收入为 24.72 亿元，营业收入是万里扬的 1.25 倍，两家公司净利润都保持在同一水平；2019 年年末，双林股份营业收入为 43.01 亿元，营业收入变为万里扬的 0.84 倍，但是双林股份净利润连续 2 年都为负数，2019 年出现 10 亿元亏损。

6.4.3 万里扬和对比企业控制权安排比较分析

1. 股权结构多元化

本书将 2015—2019 年万里扬和双林股份的股权结构演变进行了对比，从而来了解双林股份在保持家族绝对控股且未曾参与反向混合所有制改革的情况下，自然发生的股权结构变化。根据前文所述，2015—2019 年，万里扬家族股权占比经历了"70.15%、46.89%、47.24%"的变化，万里扬从家族绝对控股企业转变成为家族控股的混合所有制企业，实现了"家族股权+国有股权+员工持股"的多元股权结构。双林股份一直都是家族绝对控股，股权结构非常单一，虽然从未进行反向混改，但是家族股权也经历了"54.09%、52.53%、52.17%、54.49%、53.97%"的变化（见表6-9）。此种波动幅度很小，主要是控股股东增减股份造成的。

表 6-9　2015—2019 年万里扬和双林股份家族股权变化情况　　　　单位:%

家族控股情况		2015 年	2016 年	2017 年	2018 年	2019 年
万里扬	家族绝对控股	70.15	—	—	—	—
	家族相对控股	—	46.89	46.89	46.89	47.24
双林股份	家族绝对控股	54.09	52.53	52.17	54.49	53.97

双林股份家族股权具体变动情况如下所述。①在万里扬进行反向混改之前，即 2015 年，双林股份第一大股东为双林集团，持股 49.54%，实际控制人为郐建斌家族，加上郐建斌个人持股 4.55%，因此家族股权占比 54.09%。②2016 年，第一大股东双林集团通过大宗交易的方式减持股份，持股比例变为 48.07%，募集资金用于电动汽车分时租赁、车联网等新兴产业项目的投资。③2017 年，双林股份以发行股票和支付现金的方式收购上海诚烨汽车零部件有限公司 100% 的股权，由此家族股权比例下降到 52.17%。④2018 年，双林股份由于重大资产重组计划停牌将近一个月，为了维持投资者信心，双林集团通过二级市场增持股份，由此家族股权上升为 54.49%。⑤2019 年，公司公告了收购双林投资 100% 股权的重大资产重组事项，因其子公

司双林投资未完成2018年度的业绩承诺,双林集团需进行业绩补偿,因此,公司完成了双林集团业绩补偿股份的回购注销手续。由此,家族股权下降到53.97%。综上所述,2015—2019年,邬建斌家族一直都保持对双林股份的绝对控股地位,除了中小股东有持股比例变化外,没有引入外部投资者进行公司治理。

2. 治理结构更加完善

公司治理结构的变化会影响公司治理水平,而公司治理水平对企业的经营发展有着基础而广泛的影响,作用于企业投资、筹资等多方面的财务政策,从而对财务绩效产生影响。万里扬反向混改后促进公司治理水平提升,分别表现在董事会构成合理化、独立董事独立性提高、监事会监督作用强化这三个层面,优化后的公司治理结构和有效的公司治理机制为万里扬制定科学合理的投、融资决策提供了保障,而未进行反向混改的双林股份公司治理结构的优化效果并不佳,依旧存在创始人搞"一言堂"、监事会监督力度弱等问题。

(1) 董事会结构合理化

董事会负责公司重大事项的决策,最能体现公司治理水平。董事会事实上是股东大会的意思代表,结构合理的董事会能够促进公司的经营发展,而制衡失效的董事会却会消耗企业资源,阻碍公司发展。本书将万里扬和双林股份2015—2019年的董事会结构进行对比。两家公司同时上市,董事会都设立9名董事,其中独立董事3名。独立董事制度都是始于2010年,多年来两家公司都保持这种配置,但是在董事会制衡度上,两者差异较大(见图6-18)。

双林股份没有引进外部治理力量,在上市之后常年保持"家族成员+高级管理人员+独立董事"的董事会结构。家族股东保持绝对控

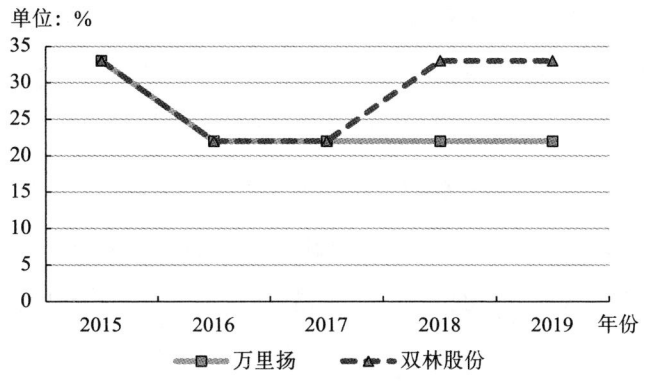

图 6-18 万里扬与双林股份家族股东董事会席位占比变化情况

股地位,在董事会拥有绝对权威,董事会就是双林股份的利益代表,且制衡度不够。而万里扬在完成反向混改后,董事会席位中家族成员减少至 2 人,同时董事类型多样化,从"家族成员+高级管理人员"的构成模式转变成为"家族成员+高级管理人员+国有股东代表+独立董事"的模式。可以看出在 2015 年之后,万里扬董事会不再是家族股东的"一言堂",国有股东逐步参与公司治理,同时家族股东的绝对优势被削弱,在公司上市之后,独立董事进驻董事会,再加上 2016 年国有股东也占有董事会一席之地,都减弱了公司治理的家族色彩。在反向混改完成后,董事会家族成员与非家族成员的制衡度保持在七分之二。

(2) 独立董事参与度提高

董事会专业委员会的有效运作有利于提高董事会的独立性和专业性,从而保证公司价值最大化而作出最优决策。万里扬与双林股份董事会下属都设立了提名委员会、战略委员会、审计委员会、薪酬委员会等四个机构,均设独立董事 3 人。双林股份的独立董事主要负责的是依照会计准则处理日常规范性工作、协调内外部审计沟通和提名高级管理人员等事项,独立董事参与公司治理程度较低。而万里扬的独立董事均为财会、机械工程、律师行业的优秀人才,高质量的独立董事在万里扬的日常经营运作中有着举足轻重的作用,具体表现包括:薪酬委员会每年协调考查万里扬管理层及全部员工薪酬体系并进行合理调整;提名委员会认真审核公司执行总裁聘任人选的决定;战略委员会提出万里扬的"53211"发展战略,为今后万里扬的发展指明方向。

(3) 监事会监督作用强化

监事会的监事由股东大会选举产生,代表股东大会执行监督职能。2015—2019 年万里扬和双林股份的监事会人数都保持在 3 人。从成员性质来看,双林股份的监事会构成多年来保持不变,监事会主席、监事、职工监事均来源于家族企业内部。而万里扬的监事会人员构成在完成反向混改后发生了变化,原先监事会主席、监事、职工监事也都是家族企业职工,在 2016 年以后,奇瑞派驻监事桑苇生进入万里扬董事会,此人历任奇瑞动总事业部发动机技术科科长、变速箱公司副总经理及动总事业部副总经理。由此,家族企业代表与国有股权代表在万里扬监事会席位上的制衡度变为 2:1。具体情况见表 6-10。

表 6-10　　　　　　　万里扬与双林股份监事会构成对比

企业	2015 年	2016 年	2017 年	2018 年	2019 年
万里扬	监事会主席+监事+职工监事	监事会主席+监事(国有股权)+职工监事			
双林股份	监事会主席+监事+职工监事				

双林股份从成立开始一直都是家族绝对控股的,董事会其实就是家族成员的利益代表,由家族大股东把控,双林股份的任何决策都优先体现家族意志。再加上作为监督机构的监事会中,3 名成员均为家

族企业职工，可知双林股份的监事会也受家族股东控制。在这样的监督机制下，监督机构形同虚设，监督动机削弱，监事会成员甚至会为了服从家族成员的意愿而损害大部分员工的利益。而万里扬在参与反向混改后，更新了监事会结构，在监事会中安排了国有股权背景的成员，打破了完全由家族股东主导监事会的现象，监事会结构日益完善，监督动机更强。

3. 核心员工激励程度提高

双林股份未实行员工持股计划等员工激励措施，大部分股份牢牢掌握在家族成员手中，大股东与中小股东比例悬殊，关键人员与家族成员经营观念时有冲突，核心人员流失严重，家族企业公司治理弊端突显。

而万里扬为了完成反向混改，采用现金支付加发行股份的方式取得奇瑞旗下的变速器生产线，其中，现金的募集方式就是向员工非公开发行股份。因此，为了尽快完成反向混改，万里扬向万里扬集团、财通证券资管万里扬通鼎25号定向资产管理计划、蔡锦波等七名特定投资者非公开发行股份募集配套资金约为15亿元。其中，财通证券资管万里扬通鼎25号定向资产管理计划就是万里扬推行的员工持股计划，该计划涵盖了万里扬高级管理层及关键技术人才，将员工利益和公司发展相互统一，有效提高了员工的工作积极性和主动性。万里扬第一期员工持股计划内容主要为以人民币9.18元/股认购3000万股，合计金额约为2.7亿元。通过员工持股计划，家族企业获得资金，同时，中小股东的持股比例逐渐能够与家族股东相抗衡，核心员工离职率比较低，有利于稳定公司经营，是一种双赢的结果。

6.5 万里扬家族企业反向混改后的财务后果

6.5.1 万里扬和对比企业财务绩效比较分析

1. 万里扬反向混改前后财务绩效比较

为了反映万里扬反向混改后的财务绩效变化,本书采用杜邦分析法进行绩效分析,选取2016—2019年这段时间作为万里扬财务绩效变化的观测时间段,同时增加行业绩效进行对比,如表6-11所示。

表6-11　　　　变速器总成生产上市企业名单

企业名称	股票代码	企业性质
湖南科力远新能源股份有限公司	600478.SH	民营企业
南京越博动力系统股份有限公司	300742.SZ	民营企业
浙江中马传动股份有限公司	603767.SH	家族企业
潍柴动力股份有限公司	000338.SZ	国有企业
长城汽车股份有限公司	601633.SH	国有企业
浙江万里扬股份有限公司	002434.SZ	家族企业
北京汽车股份有限公司	01958.HK	国有企业
重庆市旺成科技股份有限公司	新三板830896	家族企业
重庆长安汽车股份有限公司	000625.SZ	国有企业
宁波双林汽车部件股份有限公司	300100.SZ	家族企业
蓝黛科技集团股份有限公司	002765.SZ	家族企业
浙江吉利控股集团有限公司	00175.HK	家族企业
杭州前进齿轮箱集团股份有限公司	601177.SH	国有企业
上海汽车集团股份有限公司	600104.SH	国有企业
隆鑫通用动力股份有限公司	603766.SH	家族企业
比亚迪股份有限公司	1211.HK	民营企业
青海华鼎实业股份有限公司	*ST600243.SH	民营企业
天津一汽夏利汽车股份有限公司	*ST000927.SZ	国有企业

为了衡量万里扬反向混改后的效益,排除行业整体趋势带来的影响,本书添加了行业绩效水平进行比较。但是,由于汽车零部件制造行业规模庞大,企业数量非常多,因此缩小了汽车零部件制造行业的范围,更有针对性地选取了与万里扬同为变速器总成生产厂家的企业。根据统计,国内独立运营的变速器总成生产厂家共有18家,为了方便比较,剔除了7家国有企业、1家ST企业,3家港股上市企业、1家新三板上市企业,未进行反向混合所有制改革的非国有上市企业剩余6家,分别为"科力远""越博动力""中马传动""双林股份""蓝黛科技""隆鑫通用",以它们的平均值代表行业水平,具体见表6-12。

表6-12　　　　　　　　万里扬及其控制样本的选择

证券代码	证券简称	实际控制人持股(%)	实际控制人
002434.SZ	万里扬	38.57	黄河清家族
600478.SH	科力远	25.00	钟发平
300742.SZ	越博动力	43.96	李占江
603767.SH	中马传动	57.97	吴江家族
300100.SZ	双林股份	54.09	邬建斌家族
002765.SZ	蓝黛科技	61.61	朱堂福家族
603766.SH	隆鑫通用	49.42	涂建华

(1)净资产收益率分析

杜邦分析法以净资产收益率(ROE)为核心,ROE的水平代表了股东的回报率,ROE越高,说明企业经营状况越好。杜邦分析法步骤如图6-19所示。为了判断反向混改是否对万里扬的财务绩效产生作用,在此首先将万里扬企业与行业平均水平进行比较。

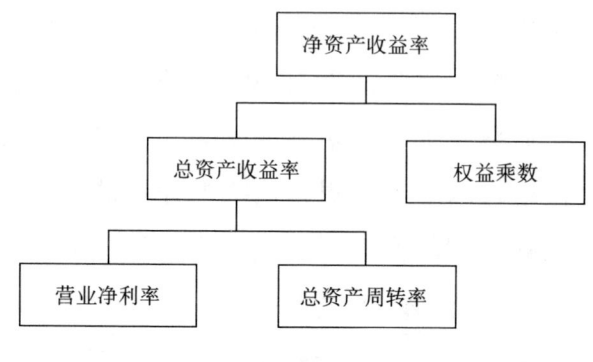

图 6-19 杜邦分析法步骤

由图 6-20 可知,2016 年万里扬净资产收益率低于行业平均水平,从数值上来看,万里扬仅为行业平均水平的 0.64 倍。因为在这段时期,反向混改对万里扬的影响尚未形成,万里扬净资产报酬率低于行业平均水平不能归因于反向混改。

2017 年以后,万里扬净资产报酬率开始超过行业平均水平,2017—2019 年三年 ROE 平均值为 7.6%,远超行业平均水平。2018年,汽车行业遇冷,中国汽车市场 28 年来首次真正意义上出现负增长,导致行业净资产报酬率大幅下降,甚至在 2019 年出现了负数。购置税政策取消、进口关税不稳定、成品油价疯涨以及国六标准提前实施等原因使汽车市场的消费者长期处于观望状态。在行业企业遭受大变动时,万里扬 2018 年 ROE 虽有下降,但是 2019 年后有又很快恢复常态,并且和行业企业拉开很大的差距。可见在行业发展处于困境的时候,万里扬的财务绩效表现仍然好于其他企业。

综上可知,万里扬的净资产收益率从 2017 年开始略有提升,增长率超过行业平均水平;在行业经济遇冷阶段,万里扬的 ROE 不但优于行业平均水平,并且优于行业平均水平的程度大于其未完成反向混改时期;更重要的是,万里扬 ROE 大幅度提升时点与万里扬反向混改的

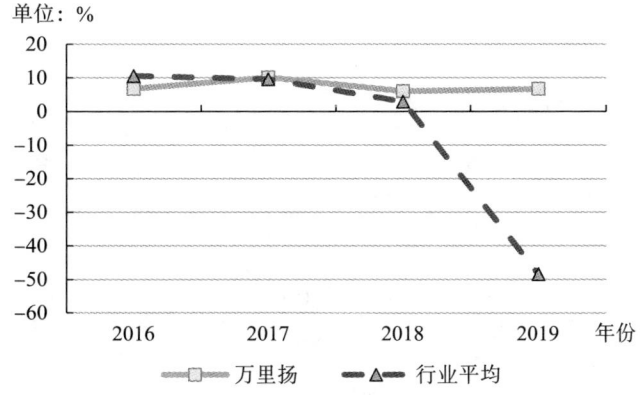

图 6-20 2016—2019 年万里扬和行业平均净资产报酬率变动情况

关键时点几乎完全重合,因此可以推断,反向混改提升了万里扬的财务绩效。

(2) 总资产净利率和权益乘数分析

根据杜邦分析法的公式可知,净资产收益率 = 总资产净利率 × 权益乘数。根据图 6-21 可知,总体来看,万里扬的权益乘数变化与行业情况一致,但是在数值方面,万里扬的权益乘数一直小于行业平均水平,并且在 2019 年差距进一步拉大。万里扬的总资产净利率(ROA)从 2017 年之后超过行业平均水平,并且一直处于行业平均水平之上,据此可以判断,万里扬 ROA 的提升是推动净资产收益率提升的主要动力。也就是说反向混改提升了万里扬的 ROA。

由图 6-21 可知,2016 年万里扬 ROA 低于行业平均水平,仅为行业平均水平的 0.59 倍,同时权益乘数也低于行业平均水平。因此,2016 年反向混改尚未发挥效用,低于行业平均水平的 ROA 和权益乘数导致万里扬整体绩效低下。

2017 年以后,万里扬 ROA 开始超过行业平均水平,约为行业平均水平的 1.33 倍,但是权益乘数仍低于行业平均水平,由此可以推

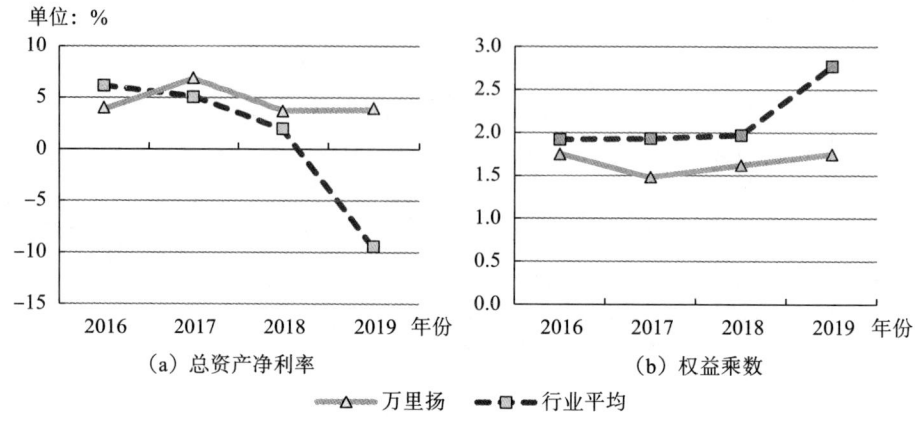

图 6-21　2016—2019 年总资产净利率和权益乘数变化情况

断,在这段时期万里扬 ROE 优于行业平均水平,主要是因为 ROA 指标大幅度提升。2019 年行业平均 ROA 出现负数,此时,行业平均权益乘数为万里扬的 1.58 倍,无疑财务杠杆的存在放大了行业的财务风险,导致处在下行阶段的变速器总成行业 ROE 出现异常,而完成反向混改的万里扬却没有受到该种风险的影响。

综上所述,反向混改改善了万里扬的 ROA,在完成反向混改后的第一年,万里扬的 ROA 增长速度就已经大幅度超过行业平均水平,甚至超过万里扬进行反向混改前 ROA 的增长幅度。在 2018 年以后,受政治和经济环境影响,变速器总成行业全面遇冷,但万里扬 ROA 的下降幅度仍然远低于行业整体的下降幅度;反向混改使万里扬稳定了财务杠杆指标,而且之后多年财务杠杆指标始终低于行业平均水平。总而言之,万里扬净资产报酬率优于行业平均水平的情况并非以高财务杠杆水平为代价,这一情况主要受益于 ROA 的大幅度提升,可以看出,反向混改后的万里扬拥有了更强的盈利能力。

2. 万里扬和对比企业财务绩效比较

（1）万里扬和对比企业收益水平比较

首先对 2016—2019 年万里扬和双林股份的净利润和总资产报酬率进行了比较，探究原先差距甚小的两家企业在万里扬完成反向混改后的发展状况存在的差异。总体来看，万里扬净利润呈增长趋势，而双林股份呈下降趋势；在 2017 年以后万里扬总资产报酬率大幅度反超双林股份。万里扬完成发行混改后，净利润虽有变动，但大致保持稳定，2016 年以后万里扬净利润超过双林股份；万里扬总资产报酬率于 2017 年追赶上双林股份后，其后几年一直超过双林股份，且双林股份总资产报酬率在 2018 年、2019 年连续 2 年为负数，具体说明如下。

由图 6-22 所示，首先，在 2016 年反向混改初期，万里扬净利润为 3.076 亿元，低于双林股份。2016—2019 年，万里扬年净利润从 3.076 亿元上升到 3.954 亿元，最高时达到了 2017 年的 6.482 亿元。2017 年，万里扬的净利润开始大幅度增长，当年的增长幅度达到了 110.73%。2018 年之后，汽车行业遇冷，双林股份受行业变化影响较大，双林股份变化趋势和行业变化一致，2018 年净利润开始下跌，2018 年、2019 年连续 2 年出现负数，平均跌幅高达 291.16%。而万里扬则在行业不景气的情况下，还实现了 2016—2019 年 28.54% 的增长。其次，2016 年万里扬总资产报酬率为 4.70%，仅为双林股份的一半左右，但此后万里扬总资产报酬率水平趋于稳定，除了 2017 年出现高峰外，一直徘徊在 4% 左右。然而，双林股份的总资产报酬率一直呈现下降趋势，从 2018 年开始，汽车行业进入下行期，双利股份总资产报酬率变化趋势和行业企业一致，都出现了负增长。

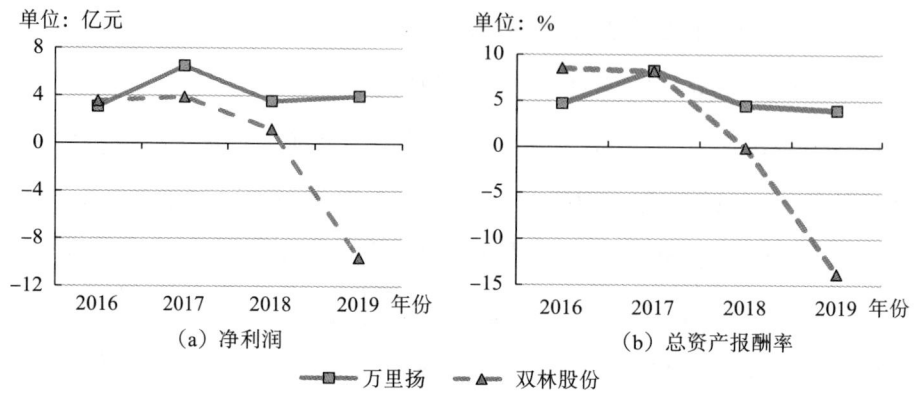

图 6-22 2016—2019 年万里扬和对比企业净利润及总资产报酬率比较

（2）万里扬和对比企业财务风险比较

在此首先将万里扬和双林股份2016—2019年的资产负债水平进行了比较。2016—2019年，尚未进行反向混改的万里扬的资产负债水平呈现上涨趋势，在2016年后，万里扬的负债水平开始降低，包括在汽车零部件整体经济遇冷阶段，万里扬的资产负债率仍旧没有出现大幅度波动，处在可控范围内；综合本章第3节中的分析可以看出，2016年万里扬完成反向混改后，财务杠杆保持稳定，甚至低于行业平均水平，而且这种状态一直延续到2019年。但是，双林股份一直处于高负债水平的状态，特别是汽车零部件行业经济遇冷后，双林股份资产负债率大幅度增加，可能出现资不抵债的风险，这也可以看出双林股份没有很强的盈利能力。

如图6-23所示，从2016年开始万里扬的资产负债率就低于双林股份。特别是在2018年汽车行业下行时，万里扬的资产负债率保持在40%左右，而双林股份的资产负债率一度增长了8.7%，并且2019年的资产负债率超过70%。结合图6-23可知，双林股份资产总额保持稳定，资产负债率一路攀升的原因就在于负债总额不断增加，而万里扬的资产总额增加幅度略小，资产负债率一直低于双林股份，可见万里扬的债务结构有所改善。

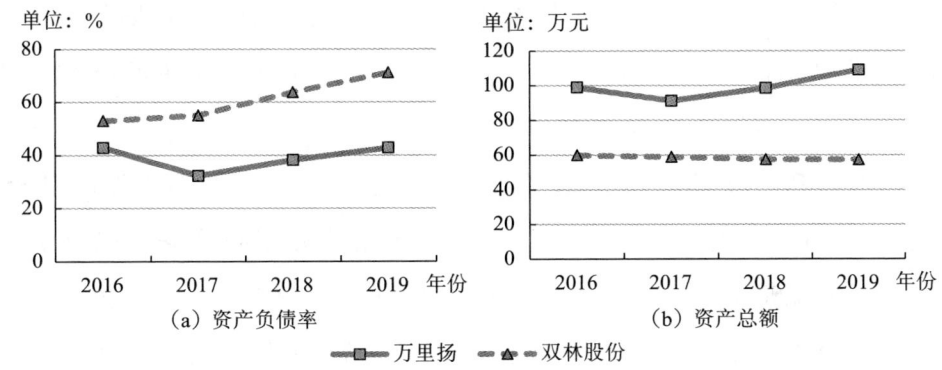

图 6-23　2016—2019 年万里扬和对比企业资产负债率比较

6.5.2　万里扬和对比企业财务政策比较分析

1. 多渠道融资降低财务风险

（1）万里扬和对比企业融资方式对比

如图 6-24 所示，从分析万里扬 2016—2019 年的股本变动情况可知，万里扬于 2016—2018 年股本总额未出现任何变动，2019 年股本总额减少 1000 万股，变动原因主要是万里扬实施股份回购。

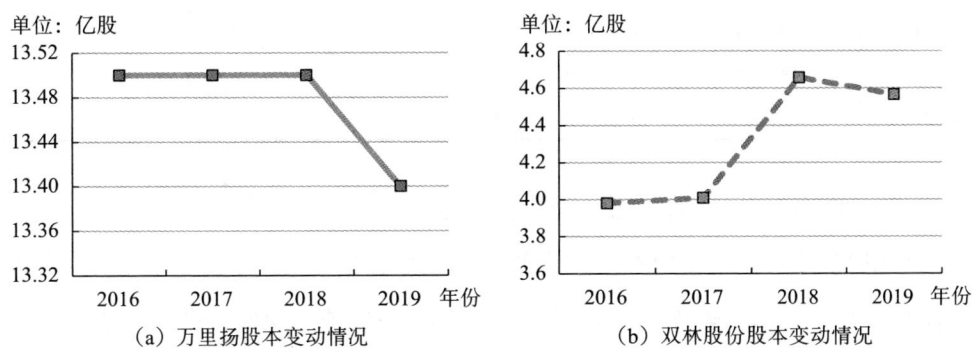

图 6-24　2016—2019 年万里扬和对比企业股本变动情况

双林股份 2016—2017 年股本总额变化不明显，2018 年股本总额增加 6570 万股，主要是发行新股作为购买双林投资 100% 股权的股份支付对价。2019 年，双林股份股本下降，主要是由于双林投资未完成 2018 年业绩承诺，双林投资原股东方需进行业绩补偿，由此办理股份回购注销手续，股本总额下降。

综上可知，双林股份 2018 年进行新股增发，目的就是股权融资。除此之外，历年的融资方式也主要是短期债券和银行融资，特别是当汽车行业情况整体下滑时，双林股份营业收入大幅降低，销售产品带来的现金流入减少，债务融资频繁，因此资产负债率上升。而万里扬近几年几乎未进行债券融资，2017 年股东大会通过发行 15 亿元债券的决议，但截至 2019 年还未实施。在反向混改之后，万里扬遇到规模庞大的投资项目时，都会采取股权融资（见表 6 - 13），由此可以很好地控制住资产负债率。

表 6 - 13　　　　　　2016—2019 年万里扬融资情况

年份	融资内容	融资方式	用途
2016	149018.46 万元	非公开发行股票	归还银行贷款、补充芜湖万里扬流动资金；剩余募集资金存放于募集资金专户
2016	29555 万股	股权质押	贷款，担保
2017	18891 万股	股权质押	贷款，担保
2018	16180 万股	股权质押	贷款，担保
2019	12250 万股	股权质押	贷款，担保

（2）政府补助缓解万里扬资金困境

万里扬引入国有股权后，在融资方式上偏好股权融资，几乎不涉及债券融资，这对维持甚至降低财务杠杆是非常有必要的。除此之外，万里扬属于政治关联比较强的高新技术企业，获得的大量政府补助也是其化解资金困境的一个渠道。万里扬从 2010 年上市到 2015 年反向混改前夕都未曾收到过任何形式的财政补助,而反向混改后的第二年,万里扬借助奇瑞提供的 CVT 变速器项目成功通过高新技术企业复核,积极利用上市募集资金投资"年产 50 万台自动变速器的技改项目",并获得金华市婺城区财政局提供的"自动变速器产能提升项目"专项财政补贴,补贴金额高达 10 亿元,补贴期限为 5 年,从 2017 年 4 月—2022 年 3 月。具体财政补助情况如表 6-14 所示,在反向混改完成后,万里扬共计收到补助金额高达 23641.8 万元。

表 6-14　　　　　　万里扬反向混改后政府补助情况

时间	发放主体	金额(万元)	用途
2017 年 3 月	金华市婺城区财政局	7188.10	年产 50 万台自动变速器的技改项目
2017 年 10 月	金华市婺城区财政局	2750	自动变速器产能提升项目
2017 年 12 月	金华市经济和信息化委员会	200	浙江省第一批"三名"培育综合试点
2017 年 12 月	金华市婺城区财政局	552.08	第三代工程自卸车变速器技改项目补助
2017 年 12 月	金华市婺城区财政局	3411.32	自动变速器项目扶持资金
2018 年 6 月	金华市婺城区财政局	2750	自动变速器产能提升项目融资贴息补助
2018 年 12 月	金华市婺城区财政局	2750	自动变速器产能提升项目融资贴息补助
2018 年 12 月	金华市婺城区财政局	1290.3	税收奖励
2019 年 9 月	金华市婺城区财政局	2750	自动变速器产能提升项目融资贴息补助
合计		23641.8	—

2. 多重投资并购提升收益水平

(1) 万里扬和对比企业盈利方式对比

在万里扬收益水平的提升过程中,多重投资并购实现了万里扬的"外延式"扩张,其与对比企业的区别主要有以下两个方面。

首先,两者的差异体现在行业布局方面。双林股份长期致力于工业行业,虽有进行外延式的并购,但是经营范围都是处在工业行业,局限于汽车配件领域。从这一角度看,行业布局过于单一。但是万里扬自从开始规划反向混改以来,顺应国家政策,投资设立或并购了一些金融行业企业,将行业布局扩大到了融资租赁行业,同时万里扬在农业也有所涉及。

其次,两者的差异还体现在产品结构方面。双林股份产品结构比较单一,一直以来以汽车模具和汽车配件为主,虽然双林股份致力于研发新能源汽车配套产品,但进度比较缓慢,还未见效,尚未形成核心竞争力。万里扬则在传统的商用车变速器业务上积极与国有资本进行合作,开展了乘用车变速器业务,已经形成了以变速器生产为核心,以汽车内饰业务+融资租赁业务为辅助的业务模式,产品种类非常丰富,产品主要包括乘用车变速器、商用车变速器、农机变速器、配件、汽车内饰等。丰富的产品结构在一定程度上提升了万里扬对抗风险的能力。如图6-25所示,2019年万里扬除了传统的商用变速器业务外,乘用车变速器也贡献了53.95%的收入,同时还有融资租赁业务收入、农机变速器收入等,在汽车行业行情整体下滑的时候,提高了抵御风险的能力。双林股份一直是通过汽车配件生产提供几乎所有收入,占到总收入的98.56%(见图6-26)。当汽车行业行情整体下滑时,双林股份抗风险能力比较弱。事实证明,2019年双林股份出现巨额亏损,经营状况大不如前。

(2)万里扬投资策略分析

万里扬完成反向混改后,坚持以扩大业务版图为导向,积极创造环境发展奇瑞提供的变速箱生产线。其中,涉及收购奇瑞变速箱公司、宁波万铭汽车部件有限公司,这两起并购案与万里扬反向混改关系密切。

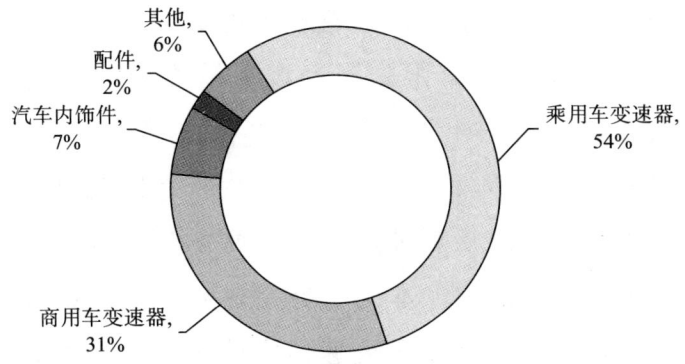

图 6-25 万里扬产品结构图

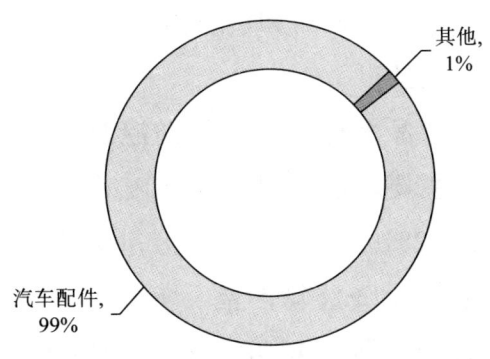

图 6-26 双林股份产品结构图

原先万里扬的业务版图唯独缺少乘用车自动变速器业务，奇瑞恰好提供了其全资子公司奇瑞变速箱公司的全部生产线及相关技术资料。奇瑞变速箱公司是较早在国内 CVT 技术实现产业化的企业之一，是国内领先的乘用车变速箱研发生产企业，拥有乘用车变速箱核心技术。万里扬成功收购奇瑞变速箱公司后，奇瑞汽车和吉利汽车这两大本土知名品牌成为万里扬的乘用车客户，万里扬的市场影响力得以大幅增强，更有利于开拓其他潜在客户。相应地，奇瑞变速箱公司也能够通过万里扬的资源平台进一步加强研发以及扩大生产规模。

在收购奇瑞变速箱公司后，万里扬为了继续提升其在乘用车变速器市场的市场占有率，促进生产经营规模的进一步扩大，随即通过全资购入宁波万铭汽车部件有限公司（以下简称宁波万铭）的所有股份，取得宁波万铭拥有的土地、厂房、办公楼等生产经营配套设施。宁波万铭主要的经营领域就是汽车零部件生产，因此万里扬将获取的各种配套设施稍微整合之后就能够投入日常的生产经营中，节省了大量的时间、人力和财务成本。本次交易完成后，万里扬将在宁波万铭的建设基础之上重新设立乘用车变速器宁波生产基地，大幅度提高乘用车变速器产品生产和供给能力，满足不断增长的消费者需求，从而持续增强万里扬的市场竞争能力和创收能力。

万里扬投资策略包括以下三点。

首先，高毛利率产品多样化。在反向混改之前，万里扬在收购奇瑞变速箱公司之前，主要产品就是商用车变速箱，占营业收入总额的57.01%，毛利率约为28.91%。2016年万里扬收购奇瑞乘用车变速箱业务后，新增加了乘用车变速箱产品，毛利率约为21.02%，并购当年乘用车变速器产品就提供了30.07%的营业收入，如图6-27所示。2017年乘用车变速器业务收入占比提高15.7%，提供了近51022万元的利润。即使到了2018年，由于行业整体情况的下滑，出现了短暂的波动，乘用车变速器业务收入在各项产品中仍保持第一的地位。2019年，乘用车变速器收入全面反超商用车业务收入，占比超过50%，逐渐成为支撑万里扬收入的核心业务（见图6-28）。

其次，改变创收方式。万里扬在引入奇瑞变速箱公司业务后，开始整顿业务布局，总体方向是聚焦变速器主业，剥离对收入贡献率低的辅业。例如，从2017年开始，万里扬的辅业——融资租赁业务、配件业务、汽车内饰业务收入连续三年负增长（见图6-29），并且占比营业收入可忽略不计。因此，公司于2019年12月对外转让了汽车内

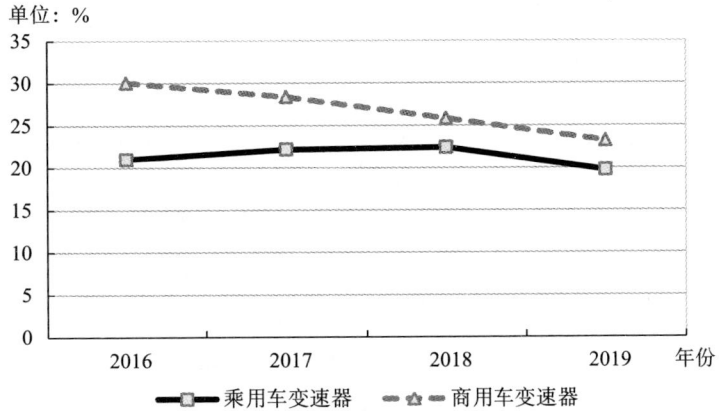

图 6-27　2016—2019 年万里扬变速器毛利率情况

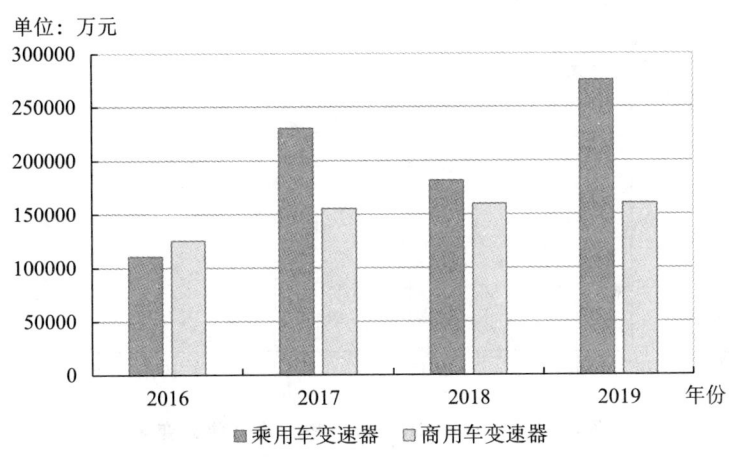

图 6-28　2016—2019 年万里扬变速器业务收入

饰生产线，剥离了汽车内饰业务，进一步清晰公司的产业结构。万里扬原先只做国内市场，客户多为国内汽车整车市场的巨头，海外市场几乎没有涉及。在完成反向混改后，万里扬借助奇瑞变速箱公司的海外市场，积极拓展外部客户，实现了从无到有的突破，海外市场开始发展，主要客户来自印度及东南亚地区。由于受到行业情况影响，2018 年后万里扬海外收入并未出现大幅度增长，但海外市场对万里扬来说仍是新鲜事物（见图 6-30）。

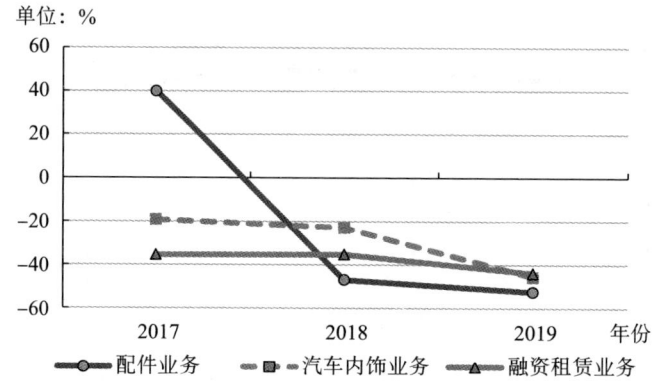

图 6-29 2017—2019 年万里扬不良辅业负增长情况

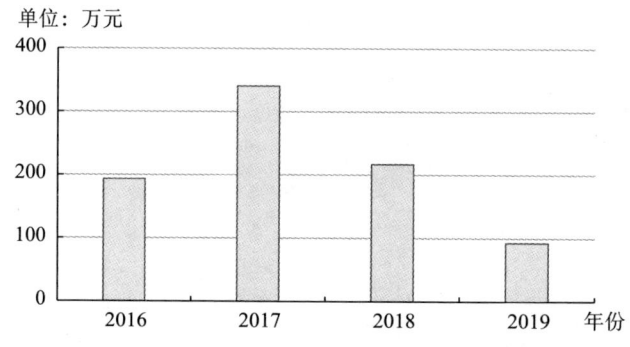

图 6-30 2016—2019 年万里扬海外收入变化

最后，品牌知名度提升。万里扬引进的奇瑞变速器技术是当时国内唯一的自主品牌乘用车自动变速器技术，再加上原先引进的吉利变速器，一方面完善了业务版图，另一方面奇瑞和吉利这两大国内乘用车生产巨头都成为万里扬的长期客户。2017 年万里扬借助奇瑞生产技术自主研发了 CVT19 无级变速器产品，并获"中国汽车工业科学技术进步奖"一等奖，先后被列入国家高技术研究发展计划（863 计划）重点研发项目、国家发展和改革委员会重点产业振兴和技术改造项目。

2019年,万里扬在CVT19无级变速器产品的基础上继续研发了CVT25无级变速器产品,荣膺"世界十佳变速器"殊荣,同时,搭载CVT25的奇瑞艾瑞泽GX也荣获"世界十佳变速器车型"大奖。万里扬和奇瑞的合作打破了外资企业对国内自动变速器市场的长期垄断,弥补了我国自动变速器专利技术的空缺,万里扬成为商用车变速器和乘用车变速器两个领域的龙头企业。

6.5.3 万里扬反向混改的市场绩效分析

万里扬作为一家典型的家族企业,在保持家族控股的前提下,通过增资扩股的路径与国有性质的公司奇瑞建立了长期稳定的合作关系,走出了万里扬反向混改的重要一步。目前,大多数学者采用事件研究法进行短期市场绩效的研究,因此,本章运用事件研究法来衡量万里扬引入国有股东进行反向混改的市场反应。超额收益率能够清楚地表现万里扬家族企业的股价波动与其实现反向混改之间的关系,因此本章使用由于股价波动所形成的超额收益率来评价万里扬反向混改的市场绩效。

事件研究法主要研究的是当公开市场上出现某一个事件时,公司股价是否会受其影响而出现波动,以及是否会产生超额收益率。在运用事件研究法进行研究时,应当关注事件窗口期的选择,按照研究目的的不同去选择不同的事件窗口期。在通常情况下,以公告日为中心选取事件发生前后10天不等作为事件窗口期。

万里扬将奇瑞国有股权引入的预案公告日定为事件日,即2015年11月25日。再综合其他学者的研究将事件日前后的5个交易日设定为事件窗口期,总计21个交易日,记作[-10,10],具体操作步骤如下所示。

①计算万里扬在事件窗口期每天实际收益率：$r_t = (P_t - P_{t-1})/P_{t-1}$。$r_t$ 表示公司股票在时点 t 的实际收益率，P_t 表示公司股票在时点 t 的收盘价。

②计算估计正常收益率的模型参数：$Ri = \alpha + \beta R_{mt}$。因此本节选取的估计窗口期为 2015 年 4 月 1 日—2015 年 9 月 11 日，期间共计 100 个交易日。万里扬在深市主板上市，计算时使用深市主板指数的收益率来代表市场收益率。

③计算超额收益率：$AR_t = r_t - R_t$。AR_t 表示公司股票在时点的超额收益率。

④计算万里扬在窗口期内的所有样本的超额累进收益率：$CAR_{t(t1,t2)} = \sum_{t=t1}^{t=t2} AR_t$，$CAR$ 表示超额累进收益率，是对 AR 的累加。

万里扬的 AR 在公告日前 10 日已经出现大幅度下降情况，直至公告日前 5 日，AR 都在 0 值以下波动。在公告日当日，AR 迅速从 0 值以下增长至 4.22%，随后，超额累进收益率有所下降，但是仍然大于事件日前水平。这说明万里扬引进国有股权的决策的确抬升了公司股价，市场反应是积极的。在公告日后一天，AR 下降到 2.90%，此后呈现曲折下滑状态，在公告日后第 6 天，超额累进收益率出现了急速下跌，直到事件日后第 9 天，超额累进收益率再次出现上升。总体来说，万里扬引进国有股权的决策给股票市场传递了积极信号，为股东带来了正向的超额累进收益率，说明投资者对万里扬家族企业进行反向混改预期乐观，具体如图 6-31 所示。

6.5.4 万里扬控制权安排对财务后果的作用机制

本书在第 2 章提出了初步的控制权安排对财务后果的作用机制，

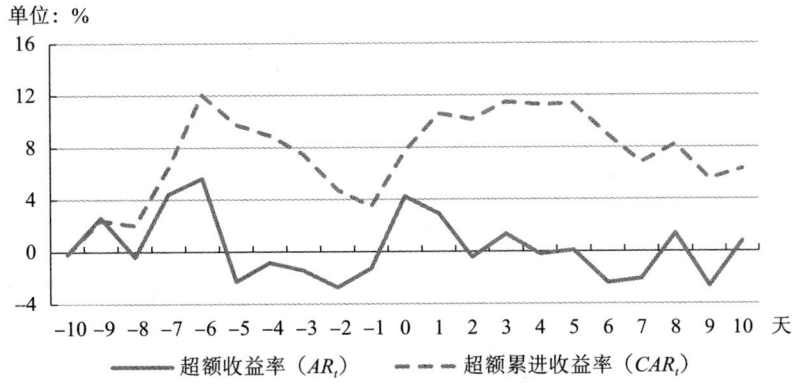

图 6-31 万里扬反向混改的超额累进收益

在此将结合万里扬反向混改的实际情况,对理论机制进行进一步的细化和完善,如图 6-32 所示。

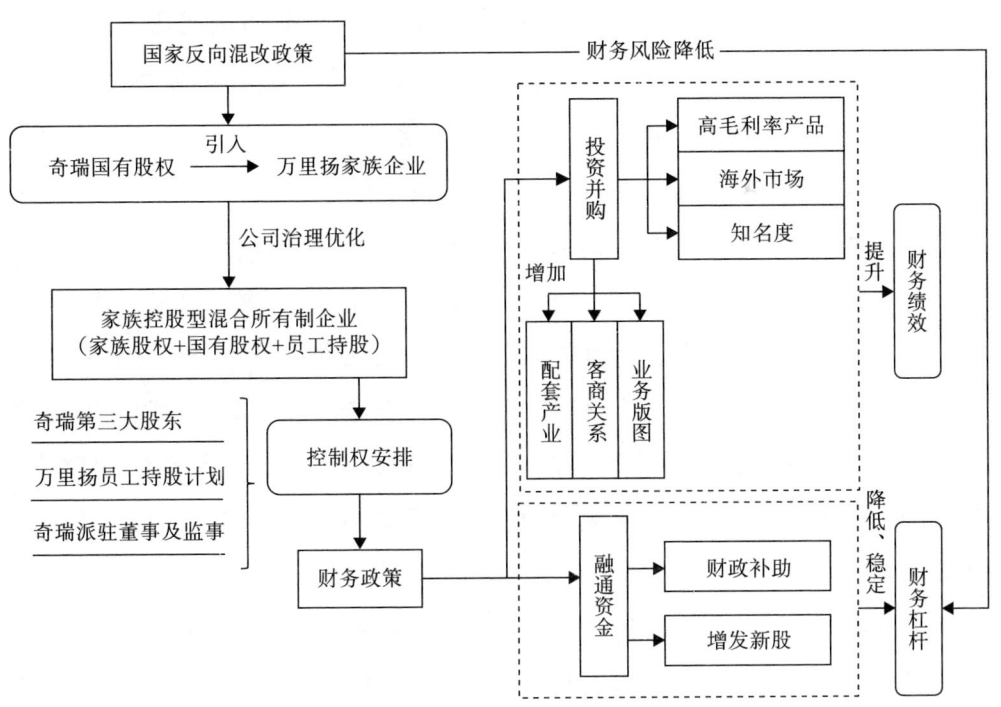

图 6-32 万里扬控制权安排对财务后果的作用机制

万里扬的财务绩效优于双林股份,并且在国家汽车补贴政策热度消退之后,仍然能够抵抗行业整体经营情况下滑的风险。根据本章第5节的结论可知,根本原因在于万里扬营业净利率的提高,结合反向混改后,万里扬的权益乘数很大程度低于行业平均水平。可知,反向混改提升了万里扬的盈利能力,降低了万里扬的财务风险。结合图6-32,万里扬反向混改后的控制权安排对财务后果的作用机制主要在于探讨探究反向混改之后,万里扬的投资行为及融资行为促使万里扬财务绩效的提升及财务杠杆的降低,并通过对比分析了解相近企业双林股份在未实施反向混改的情况下以及后续发展与万里扬相比而言的异同,从而更好地深入研究反向混改所形成的控制权安排对财务后果的作用机制。

首先,反向混改最直接的影响就是改变了万里扬的控制权安排情况,优化公司治理,为企业的投资决策和融资决策打下坚实的基础。具体表现为:在反向混改后,奇瑞国有股权成为万里扬第三大股东,同时采取员工持股计划,打破家族股权的全方位垄断;万里扬对董事会人员进行了精简,降低家族成员比重,提高决策效率;奇瑞及其他成分股东安排代表进入万里扬的董事会,董事会制衡度增强,结构更加合理,并以此为契机创建了独立和科学的决策氛围,集中体现在万里扬的独立董事得以充分发挥作用,为万里扬"52311"战略作出重要的指导。与此同时,万里扬监事会破除了家族绝对话语权的壁垒,奇瑞国有股权进入后,监事发表意见时更加独立,监事会的监督作用也更加显著。

其次,奇瑞国有股权助力万里扬多重并购,提升万里扬的财务绩效。具体表现为:在引入国有股权后,万里扬形成全方位的变速器业务版图形,从传统的商用变速器为收入核心转型为依靠乘用车(自动）变速器进行创收的盈利模式；万里扬的高毛利率产品销售收入占比提高，产品结构更加丰富，海外消费市场初见规模，收益水平显著提升；同时，万里扬的国内外市场地位得以提高，增加了国内外品牌知名度，为企业长期盈利提供了持续的动力。相比而言，双林股份产品种类简单，在内涵式发展方式下，市场规模十分有限，无法获得强有力的创收支持。

最后，在反向混改后，万里扬融资渠道扩宽，高负债情况得到改善；偏好股权融资，股权融资便利性增强，使财务杠杆维持在较低水平。具体表现为：在反向混改之前，万里扬大多采用长期借款的形式满足增长的资金需求，使资产负债率居高不下，2016年万里扬通过出让股权及员工持股计划筹集资金获得奇瑞股权，使负债水平降低到行业平均水平之下；反向混改完成后，万里扬大多采用股权质押的方式进行融资，能够有效降低或维持适当的负债水平；在反向混改后，万里扬加大力度投资乘用车变速器及相关配套产业，急需大量现金流支持，其采用股权融资的方式，而在反向混改前，万里扬主要依赖债务进行融资；奇瑞国有股权及其背后的资源能够为万里扬提供较为稳定的资金支持，减轻其现金流压力，同时也有利于进一步进行股权融资。事实上，依靠国有股权的实力，万里扬近几年所获得的政府补助也成为缓解融资困境的一个途径。而双林股份一直以来以银行信贷为主要融资方式，资产负债率一直处在较高水平。

6.6 本章小结

6.6.1 研究结论

本章主要以万里扬家族企业为目标案例，分析家族企业参与反向混改后所形成的控制权安排对财务后果的影响机制,从股权结构、公司治理、财务后果三个方面得出以下结论。

第一,从股权结构的角度来看,万里扬从创立开始,公司的股权绝大多数都掌握在黄河清家族手中,因此反向混改前的万里扬属于家族绝对控股的企业。万里扬的反向混合所有制改革起始于2016年,直接目的是以自身股权换国有企业的技术,根本目的是优化股权结构,改变股权过于集中的弊端。公司引入国有股权作为第三大股东,弱化了家族成员的话语权,同时融入管理层及员工持股。从反向混改开始至今,融合了家族资本、国有资本、非家族民营资本等不同性质的股权,最终万里扬成为典型的家族控股型混合所有制企业。家族股东持股比例从最初的69.84%下降到46.89%,国有股东持股12.24%,管理层、员工及非家族民营股东的中小股东持股比例总和达到40.87%,相比于传统家族企业"一股独大"的股权结构,反向混改后的万里扬达成了股权合理安排、股东相互制衡的目的,减轻了家族企业成员因持股比例过于集中而对企业经营决策进行随意干预的程度,避免了家族企业因完全国有化而丧失市场活力,也避免了核心员工持股比例过大而产生的代理问题。

第二,从公司治理的角度来看,反向混改优化了治理结构,而健全的治理结构为企业的投融资行为奠定了良好的基础。万里扬在公司治理过程中充分遵循相关法律法规的要求,坚持以市场化为导向,协调了反向混改涉及的各利益相关者的利益需求。首先,董事会的各项决策都能体现不同资本方的意志,家族股东、国有股东、管理层和员工等不同性质的资本通过董事会这一渠道,遵循公司规章制度要求,依照同股同权的方式,促进各方协作共赢。万里扬的董事会从"家族成员+高级管理人员"的构成模式转变成为"家族成员+高级管理人员+国有股东代表+独立董事"的模式。其次，独立董事发表意见更具有独立性。在万里扬的董事会中，独立董事拥有三分之一以上的席位。从职业背景分析，独立董事都是业界享有知名度的资深专家，能够充分发挥独立董事的作用。最后，监事会监督作用越来越大。奇瑞派驻一名代表进入万里扬监事会，代表国有股权对公司日常经营进行监督，打破了监事会监督不力的僵局。

第三，从财务后果分析的角度来看，反向混改对万里扬的整体企业绩效有正向的促进作用，企业绩效的提升主要原因就是万里扬在反向混改后盈利能力增强。万里扬的净资产报酬率从2017年开始大幅度增加，并且连续几年的增长率都高于行业平均水平；在行业整体遇冷时期，万里扬的表现仍然优于行业平均水平，更优于实现反向混改前的水平。在反向混改后，万里扬绩效表现更加优于未参与反向混改的同行业家族企业。同时，反向混改也降低了万里扬的财务风险：第一，在反向混改后，奇瑞成为万里扬的长期客户，提供较为稳定的资金来源；第二，万里扬在优化的公司治理氛围下更加偏好股权融资；第三，拥有国资背景的万里扬更易获得财政补助。这三个因素降低了万里扬的财务杠杆，并使其处于稳定状态，降低了万里扬的财务风险。

6.6.2 建议

1. 督促家族企业完善现代企业制度

（1）优化股权结构与治理机制

家族企业引入国有股权，必然要适当降低家族股权的比重，最终使家族企业从家族独资或家族绝对控股逐渐转变为由家族相对控股的混合所有制企业。通过所有权的重新分配，改善了股权结构，促使管理者的目标向股东目标靠拢。对于家族企业而言，要建立合理的股权结构，需要家族成员抛开带有情感色彩的偏见，积极地加入反向混改。根据具体情况，可以采用并购重组、增发股票等方式引进国有股权进行反向混改，充分发挥国有股权的治理效应，为企业发展带来实在的资源和好处需要。但是，反向混改要注意保持家族企业的市场活力，保障家族资本在总资本中占主导地位，在引入国有股权后，其所占比重无须超过家族股权，否则可能引起股权纷争和控制权冲突。

引入国有股权的动因之一就是提升家族企业的公司治理水平。家族企业需要在日常经营决策中形成成熟且适应企业发展的公司治理模式，破除家族成员对董事会的绝对垄断，增强国有股东的话语权，尊重国有股东意见，维护国有股东的各项权益，比如赋予国有股东适当的决策权和投票权。同时，建立适应市场变化和企业发展状况的人才选拔机制，结合股权激励、现金激励等激励手段，以市场化手段选聘优质职业经理人，并对其薪酬实施市场化管理。总而言之，家族企业在反向混改后要大力减少不利于公司经营的短视行为，全面实施市场化经营，不断提升公司治理能力，增强公司治理质量。

（2）促进家族资本与国有资本互利共赢

通过引入国有股权，实现了家族资本和国有资本的高效合作，促进双方资源共享、优势互补，必将推动万里扬朝着优质且高效的目标发展。为了加强家族股权与国有股权的配合，家族企业应当从自身实际情况出发，积极与国有股权进行良好互动和良性沟通，以经营管理为载体搭建合作桥梁，全面深化业务协作。

除此之外，家族企业还需要做好反向混改对象的甄选工作。双方在公司战略目标和业务发展方面需要存在相似之处，能够为双方的合作提供物质保障。在设计反向混改方案和股权结构时，需要进一步明确国有股权持股情况及价格等，促进反向混改方案的有序实施和有效落实。

2. 鼓励国有企业参与反向混改

国有企业应当首先关注自身实际情况，积极参与民营及家族企业反向混改，选择业务发展良好、与自身契合度高、有发展潜力的民营及家族企业，深度参与公司治理，促进双方优势互补，助推业务协同推进、合作发展；其次，国有企业需要积极发挥在民营及家族企业中的公司治理效应，为家族企业的决策提供引导和帮助。通常而言，家族企业在混改结束后，会重新选举董事会，国有企业要积极参与其中，占据独立席位，在企业治理和决策过程中发挥积极作用。首先，国有企业应当以合理的方式和适当的参与度进入家族企业的决策层，在充分维护自身利益的同时也要注意保持家族企业的治理特色。其次，在与家族企业出现相关利益分歧时，需要寻求更为科学合理的解决方法；最后，国有企业还要重视对自身权益的保护，防止国有资产流失。总而言之，参与反向混改的国有企业既要参与公司治理，还要充分保护国有资产，运用各项规章制度保护自身权益。

3. 政府对反向混改要加以引导和监督

目前，混合所有制改革大多停留在国有企业引入民营资本的方式上，公众对反向混合所有制改革的理论学习及社会实践都很少涉及。在民营及家族企业引入国有股权进行反向混改的过程中，政府必然发挥政策性的引导作用。政府通过制定针对性政策，实现对反向混改的引导，同时采取有力的监管措施对反向混改全程实施动态化、全局性管控。一是鼓励国有企业对优质民营企业进行扶持，引导国有资本在民营企业中发挥治理作用，加大对民营企业的影响力，协助其获得急需的现金流，改善其公司治理结构，缓解其内部矛盾，引导其树立生产目标，促进其业务内容多样化，支撑其优化生产经营。二是在深入推进民营及家族企业反向混改的过程中，政府需要采取更为灵活科学的方式方法，做到因地制宜，鼓励各类民营及家族企业依据自身实际情况，采取针对性的反向混改方式，选择能够发挥协同效应的国有企业进行合作。

第 7 章　结论与未来展望

7.1　研究总结与讨论

　　新兴经济体中民营上市公司的所有权通常由家族大股东控制。家族企业最初是由家族成员及其家族资本推动的，但随着家族企业的不断发展，它们通常会引入外部资本来扩张壮大。在我国资本市场上，非控股大股东在家族企业中非常普遍。现有研究主要考察家族所有权和控制权分离的经济后果，以理解家族控制对企业代理问题的影响，而忽视了非控股大股东在家族企业治理中的重要角色。本书以家族上市公司为样本，从多个角度考察非控股大股东对中国家族企业公司治理与财务后果的影响，并详细探究不同性质非控股大股东的治理效果以及作用机制上的差异，形成了以下几点结论和启示。

第一，非控股大股东可以有效降低控股家族控制权，实现更为合理的控制权安排。控制权与现金流权相分离，形成家族在股东层面的超额控制，是家族企业实现私人收益、损害中小股东利益的重要动因。非控股股东进入家族企业，使家族大股东让渡一部分股权的同时，也减少了实际控制权，控制权与现金流权背离度下降，而且还会积极进入企业董事会、高管层，形成健全的公司治理结构。

第二，非控股大股东对家族企业能发挥增值效应，提升企业价值。非控股大股东对家族企业进行了智力支持和资源支持，提升了家族企业价值。在风险投资方面，风险投资有两种效应，一种是对企业存在增值作用的认证和监督效应，另一种是对企业存在消极作用的逐名和逆向选择效应。实证研究发现，在中国资本市场中，风险投资对家族企业的增值效应占主要方面，存在风险投资支持的家族上市公司的企业价值高于没有风险投资支持的家族上市公司的企业价值。在国有股权方面，国有股权存在资源效应和政治干预效应。案例研究发现，国有股权能为家族企业提供融资资源，为企业扩张和创新提供动力，同时使家族企业有机会获得新的投资渠道。这说明在中国这一转型经济体中，"混合所有制"有助于弥补市场化的不足，异质性股东的"资源互补"能使企业发挥不同所有制资本的优势。

第三，控制权安排在非控股大股东和家族企业价值之间存在中介效应。长期以来，关于家族企业特殊的控制权结构是促进抑或是抑制企业价值增长，尚未形成定论。本书研究发现，非控股大股东可以有效削弱控股家族的超额控制程度，进而促进企业价值提升。一方面，验证了家族超额控制权结构具有掏空效应，家族控股股东超额控制权越大，其"掏空"动机越强、"掏空"程度越大。另一方面，也检验了非控股大股东对特定的家族企业价值的正向影响及其作用机制。

第四，良好的制度环境能发挥外部治理功能。为了证明外部治理机制在风险投资影响家族企业控制权安排中的作用，本书引入制度环境作为调节变量来探讨该问题。制度环境越好，公司治理环境越能得到改善，这种改善大大减少了内部股东和外部股东之间的权力失衡，也缓解了非控股大股东和家族控股股东之间的信息不对称问题，抑制了内部人员的机会主义行为。本书经验证发现，控制其他因素后，良好的制度环境可以降低家族控制权，同时有利于非控股大股东对家族企业治理功能的有效发挥。这也表明要想抑制家族控股股东对外部中小股东的利益侵占，除了改善家族企业内部治理结构外，更要提高法制化水平，降低家族控股股东与外部投资者的信息不对称程度，为外部股东发挥其应有的治理作用营造良好的外部氛围。

7.2 创新与特色

7.2.1 研究对象的创新

第一，从被投资企业角度看。现有关于外部非控股大股东对企业治理功能的研究鲜有对被投资企业做进一步细分，除了所有制性质的区别，民营企业根据实际控制人性质可以再细分为家族企业和非家族企业，家族企业治理结构和治理模式与其他类型企业又有显著的差异，导致其中的非控股大股东所发挥的治理效应也必然不同。本书聚焦于外部大股东对家族企业这一细分领域的治理效应和财务后果研究，有利于实证结论的针对性和稳健性。

第二，从非控股股东性质角度看。本书在准确界定了风险投资者、国有投资者的基础上，衡量了不同非控股股东治理功能的有效性，并详细分析了不同非控股股东参与治理的动机和作用机制，补充了现有公司治理相关文献。

7.2.2 研究思路的创新

第一，从外部治理环境角度考察。本书利用樊纲编制的外部治理环境指标，考察了外部治理环境与外部股东制衡的交互作用，发现良好的外部治理环境可以有效地帮助非控股股东抑制家族控股股东的"掏空"行为，从而为政府部门提升外部治理环境、监管家族控股股东行为、保护外部中小股东利益提供直接的经验证据。

第二，从作用路径考察。现有研究主要关注外部非控股大股东对公司治理或者企业经济后果的直接效应，较少深入剖析其参与公司治理的动机，是为了获取内部信息，还是真正通过改善治理水平提高企业业绩。缺少传导路径的研究，不利于客观评价外部大股东的真实价值。本书从家族企业公司治理的核心问题"超额控制权"着手，将外部大股东和家族企业价值之间单一的直接路径，转换成外部大股东对家族企业控制权产生的影响传导至家族企业价值的间接路径，细化了外部大股东对家族企业价值影响的作用机理，验证了超额控制权的中介作用。

7.2.3 研究视角的创新

目前学术界对于混合所有制改革的研究主要集中在国企如何吸收民营资本层面，而本书基于民营企业"反向混改"的新视角，以家族控股的混合所有制企业作为研究对象，探究国有股权对家族企业价值的影响，丰富混合所有制改革的内容。

国有股权的扶持动机应当区别于以往的政治关联，当国有资本参股家族企业时，会发挥国有股权特有的治理功能。因此，本书关注国有股权的扶持动机与家族企业治理特性结合所形成的协同效应，有助于扩大公司治理理论的理论边际。

7.3 研究不足与展望

由此，本书重点考察异质性非控股大股东对家族企业的控制权及其财务后果的影响来研究非控股大股东的治理效应，以期为政策制定部门、监管部门如何发挥外部股东的治理作用提供一定的借鉴。但是，任何研究都存在一定的局限性，未来的研究可以在本书的基础上进行以下深入的探讨。

第一，进一步考虑非控股大股东的异质性对治理效应的影响。由于篇幅有限，本书对非控股大股东的划分较为简单，选取了最具有代表性的风险投资者和国有股权。未来可以进一步考虑个人投资者、机构投资者、战略投资者和财务投资者等对家族企业治理和绩效的不同影响。此外，还可以考虑每一类大股东的具体特征变量，如考虑风险投资的声誉、是否联合投资、政府背景、资金来源等，考虑国有股权的持股比例、是属于地方还是中央等。

第二，进一步考虑家族企业的异质性。当前研究没有充分考虑家族治理模式的异质性，大多将家族企业作为一个整体进行分析。然而，大量的事实证明不同的家族企业治理特征，如家族持股比例、两权合一与否、董监高家族成员占比等，将对外部大股东的介入动机和治理效率产生不同程度的影响。此外，我国家族企业如今逐步进入二代传承期。在创始人掌权的家族企业和二代掌权的家族企业中，对于外部大股东的接纳程度肯定大有不同,在思想观念、管理模式上也会存在较大差异。怎样的公司治理结构和治理模式有助于两者实现利益高度一致,最终使企业价值最大化,是未来可以进一步研究的问题。

第三,进一步深化不同制度环境维度对非控股大股东治理效应的影响。我国正处于市场化转型阶段,投资者和企业所处的外部环境区域差异很大,西方理论不一定符合我国实际情况。分析在不同的制度环境下,外部大股东介入家族企业公司治理的动机和财务后果是极具中国特色的理论研究。本书只是探索性地将制度环境因素引入本书的分析框架,对于制度环境的衡量方法依赖于樊纲、王小鲁等编制的中国各地区市场化报告,相对比较单一。制度环境是一个相对比较大的范畴,包括很多维度,如法律环境、金融环境、社会文化环境等,每个维度对家族企业治理问题的影响机制和作用路径都有着显著的差异。因此,可进一步深化不同制度环境维度对非控股大股东治理效应的影响。

第四,进一步考察非控股大股东参与公司治理的方式对治理效应的影响。非控股股东的治理效应与家族控股股东的"掏空"行为均受其能力和意愿的影响,本书选取了家族控制权来代表两者的动机和能力,后续的研究可以区分非控股大股东参与公司治理的方式,进行更加深入的分析。例如,可以将非家族控股股东参与公司治理的方式具体分为股权层面、董事会层面、监事会层面、管理层层面以及日常经营层面,从而更加精确地度量不同性质的非控股股东的治理效果。

第五,进一步考虑非控股大股东与家族企业关联关系对治理效应的影响。关于非控股股东对家族企业的治理效果,主要取决于非控股股东的投资动机,主要包括监督动机和共谋动机,即非控股股东会制衡股东的私利行为从而保护中小股东利益,或者会与家族股东合谋,侵占中小股东利益、损害企业价值。非控股大股东与家族控股股东是否有关联关系是决定何种动机的关键因素。因此，未来可以考虑非控股大股东与家族企业关联关系对治理效应的影响，并可进一步分析不同渠道的关联关系所表现出来的不同效应，有助于更好地理解非控股大股东与企业价值之间的复杂关系。

主要参考文献

[1] PAYNE G. T. Family business review in 2020: focus on the family [J]. *Family Business Review*, 2020 (1).

[2] DE MASSIS A., DING S., KOTLAR J., et al. Family involvement and R&D expenses in the context of weak property rights protection: an examination of non – state – owned listed companies in China [J]. *The European Journal of Finance*, 2018 (16).

[3] GRAY S., HARYMAWAN I. Political and government connections on corporate boards in Australia: good for business? [J]. *Australian Journal of Management*, 2016 (1).

[4] DUTTA S., FOLTA T. B. A comparison of the effect of angels and venture capitalists on innovation and value creation [J]. *Journal of Business Venturing*, 2016 (1).

[5] JIAN M., WONG T. J. Propping through related party transactions [J]. *Review of Accounting Studies*, 2010 (1).

[6] BRAV A., GOMPERS P. Myth or reality? The long – run under performance of initial public offerings: evidence from venture capital and nonventure capital – backed companies [J]. *The Journal of Finance*, 1997

(5).

[7] MEGGISON W. L., WEISS K. A. Venture capitalist certification in initial public offerings [J]. *The Journal of Finance*, 1991 (3).

[8] 李胜楠, 杨安琪, 牛建波. 战略风险投资能促进企业上市后的创新吗？[J]. 财经问题研究, 2021 (3).

[9] 马新啸, 汤泰劼, 郑国坚. 混合所有制改革能化解国有企业产能过剩吗？[J]. 经济管理, 2021 (2).

[10] 吴超鹏, 薛南枝, 张琦, 等. 家族主义文化、"去家族化"治理改革与公司绩效 [J]. 经济研究, 2019, 54 (2).

[11] 李新春, 贺小刚, 邹立凯. 家族企业研究：理论进展与未来展望 [J]. 管理世界, 2020, 36 (11).

[12] 李双燕, 苗进. 差异化股权制衡度、行业异质性与全要素生产率：基于混合所有制企业的证据 [J]. 经济管理, 2020 (1).

[13] 李维安, 郝臣, 崔光耀, 等. 公司治理研究40年：脉络与展望 [J]. 外国经济与管理, 2019 (12).

[14] 李善民, 杨继彬, 钟君煜. 风险投资具有咨询功能吗？——异地风投在异地并购中的功能研究 [J]. 管理世界, 2019 (12).

[15] 马宁, 姬新龙. 风险投资声誉、智力资本与企业价值 [J]. 科研管理, 2019 (9).

[16] 窦军生, 吴赛赛. 家族企业中的长期导向研究综述与展望 [J]. 经济管理, 2019 (6).

[17] 陈林, 万攀兵, 许莹盈. 混合所有制企业的股权结构与创新行为：基于自然实验与断点回归的实证检验 [J]. 管理世界, 2019 (10).

[18] 张斌,李宏兵,陈岩. 所有制混合能促进企业创新吗?——基于委托代理冲突与股东间冲突的整合视角 [J]. 管理评论,2019 (4).

[19] 刘汉民,齐宇,解晓晴. 股权和控制权配置：从对等到非对等的逻辑——基于央属混合所有制上市公司的实证研究 [J]. 经济研究,2018 (5).

[20] 彭涛,黄福广,李少育. 风险资本对企业代理成本的影响：公司治理的视角 [J]. 管理科学,2018 (4).

[21] 李新春,马骏,何轩,等. 家族治理的现代转型：家族涉入与治理制度的共生演进 [J]. 南开管理评论,2018 (2).

[22] 董静,汪江平,翟海燕,等. 服务还是监控：风险投资机构对创业企业的管理：行业专长与不确定性的视角 [J]. 管理世界,2017 (6).

[23] 郝阳,龚六堂. 国有、民营混合参股与公司绩效改进 [J]. 经济研究,2017 (3).

[24] 余汉,杨中仑,宋增基. 国有股权能够为民营企业带来好处吗？[J]. 财经研究,2017 (4).

[25] 刘白璐,吕长江. 中国家族企业家族所有权配置效应研究 [J]. 经济研究,2016 (11).

[26] 蔡宁. 风险投资"逐名"动机与上市公司盈余管理 [J]. 会计研究,2015 (5).

[27] 李大鹏,周兵. 家族企业终极控制权、现金流量权与公司绩效的实证分析 [J]. 管理世界,2014 (9).

[28] 吴翠凤,吴世农,刘威. 我国创业板上市公司中风险投资的介入与退出动机研究 [J]. 经济管理,2012 (10).

[29] 苏启林,朱文. 上市公司家族控制与企业价值 [J]. 经济研究, 2003 (8).

[30] 栗战书. 中国家族企业发展中面临的问题与对策建议 [J]. 中国工业经济, 2003 (3).

后 记

自2007年开始，在导师张友棠教授的引导下，我开始了我的学术之旅。学术研究是一方清平、寂寞的天地，对于当初年轻、浮躁的我来说，确实没有多少吸引力。直至后来，硕士、博士再到一名高校教师，做学问却几乎成为我生活的全部。其中的心路历程无以言表。

我不知道其他人是出于何目的在追逐学术。对于我来说，学术研究真实改变了我的人生观。让我从外在的喧嚣走向内心的激情，从追逐物质财富到享受精神世界。也让我的生活越来越简单，出门上课，回家写作。但我的内心世界从未有过孤寂、厌倦，反而感到充实而惬意。现在的我真心觉得，能用自己的眼光和知识去分析和验证各种经济社会现象，能随心地表达自己的观点，是一种享受。

在绍兴文理学院商学院李生校教授、周鸿勇教授等多位前辈的熏陶下，我于2015年开始关注家族企业相关的研究领域，本书是我多年来对该领域部分心得和研究成果的梳理与总结。本书从选题再到成书，历时三年。在整个过程中，得到了很多人的帮助，在此一并表示感谢。

感谢导师武汉理工大学张友棠教授把我带进学术的殿堂，让我体会到其中的奥妙和美好。感谢导师上海财经大学李增泉教授启发我关注公司治理与财务会计研究领域和实证会计研究范式，提升了我的学术能力和科研信心。

感谢浙江省自然科学基金项目"制度环境背景下家族企业中风险投资的介入动机与治理效应研究"（LY17G020014）、教育部人文社会科学研究青年基金项目"风险投资介入家族企业公司治理的动机与经济后果研究"（17YJC630044）、浙江省教育厅一般科研项目"家族企业反向混改的控制权安排与财务后果研究"（Y202043096）、国家社会科学基金年度项目"家族企业'反向混改'的财务效应及情境依赖机制研究"（21BGL112）以及绍兴文理学院出版基金的资助。

感谢绍兴文理学院商学院院长周鸿勇、越商研究院院长李生校、会计系赵秀芳教授、黄苏华副教授等多位领导和同事对我多年的关心、爱护和指导。

感谢我的父母、岳父母和妻儿，是他们的理解和付出，才让我能安心沉浸于自身工作。对他们缺少太多陪伴和照顾，我也一直心存愧疚。

在本书的写作过程中，借鉴和引用了大量的相关著作和学术论文的资料，已将主要参考文献列于书中，谨对作者表示真诚的谢意。若有遗漏，深表歉意。

本书只是我对家族企业治理问题一点粗浅的认识，由于能力所限，不免存在一些不当之处，希望各位同仁和读者不吝赐教。在今后的工作中，我将继续坚持学术研究，努力做出更多成果接受大家的检验。

黄　阳

2021年3月30日于水城绍兴